100 000 Schritte zum Glück

NATIONAL GEOGRAPHIC

100 000 Schritte zum Glück

VON DER EINFACHHEIT DES LEBENS IM HIMALAYA

PETER HINZE

Inhalt

Links: Wandern in der einsamen Berglandschaft
oberhalb von Nawarpani

Prolog

Die Sonne stand noch hoch über den Bergen im Westen. Der Schnee leuchtete auf dem fernen, mächtigen Kanjirowa, der weder Sommer noch Winter kennt, nur ewiges Eis.

Es gab keinen Grund zur Eile für Karma Tsering, den im Dorf alle nur Kartse nannten. Noch hatte er genug Zeit, um mit seinem besten Freund Karma Dhondup Gurung auf dem Dach des uralten Steinhauses zu sitzen, wie sie es im Sommer oft taten, wenn sie ihrer Arbeit als Schneider nachgingen.

Oder sollte er den kurzen Weg zu Tsewang und dessen Bruder einschlagen, auch sie wohnten in der Nähe. Die beiden »Unberührbaren« gehörten der Dalit-Kaste an und wurden deshalb im Dorf missachtet – vielleicht mochte Kartse sie deshalb besonders. Und sie erinnerten ihn an seine eigene schwere Jugend. Er wusste, wie sich Ablehnung anfühlte.

Doch an diesem Nachmittag wollte er nur allein mit sich und in seiner Welt sein. Er wollte in aller Ruhe weiter warten, so wie er es bereits seit Tagen jeden Nachmittag tat. Also machte er sich ohne Halt, ohne jedes weitere Wort auf zum Hang hinter dem Fluss. Zu seinem Platz.

Auf dem Weg lag die Luwa, die Quelle, aus der er jeden Morgen das Opferwasser holte, auch wenn er im Winter das Eis erst aufhacken musste. Bis zur schmalen Holzbrücke über den Fluss, gespeist durch das Wasser des heiligen Berges Mukporong, waren es nur ein paar Schritte. Einen Moment des Innehaltens gönnte er sich, einen Blick den Hang hinauf, der still und menschenleer vor ihm lag.

Kartse atmete tief, sprach aus Dankbarkeit ein Gebet und spürte: Die Götter standen ihm bei. Auf die Frage, ob er glücklich sei, antwortete er stets mit den Worten seines Herzens: »Wir haben genug zu essen, wir haben genug zum Anziehen – warum sollten wir nicht glücklich sein?«

Zum wahren Glück brauchten er und seine Familie nicht viel. Doch selbst das Wenige wollte nicht oft bei ihnen verweilen. War

---

Traditionalist – Schneider Karma Tsering gehört zu den Alten in Bhijer. Bevorzugter Arbeitsplatz: das Dach seines Hauses mit den Bergen im Rücken und der Sonne auf der Nadel.

aber Zuversicht ein rares Gut, lud er einen hohen Lama ein. Tagelang beteten sie, rezitierten Puja-Texte und gewannen so die Hoffnung, dass das Leben langsam wieder ins Lot kam. Sie hatten genug Gründe fürs Gebet, denn das Glück zeigte sich zumeist von seiner flüchtigen Seite. Seit seiner Kindheit entstellte eine Lähmung sein Gesicht. Wie oft war er deshalb verspottet worden. Auch forderten Lepra und Tuberkulose seine ganze Kraft. Später wollten eifersüchtige Nachbarn ihn aus seiner Heimat vertreiben.

Kartse heiratete Nachok Gurung, die eine Tagesreise entfernt in Pho zu Hause war. Elf Kinder zählte im Laufe der Jahre die gemeinsame Familie. Er arbeitete hart für ihr Überleben, Tag für Tag. Was aber war der Lohn der Mühsal? Als eine seiner Töchter, einst beim Melken der Ziegen von Nachok zur Welt gebracht, nur eineinhalb Jahre lebte, erklärte man sie für tot.

Doch die Götter erhörten seine Gebete. Sie überlebte. Mehr als zwanzig karge Jahre waren seither ins Land gegangen. Kartse kannte den Wert eines Lebens. Er wusste, dass sich der Schmerz der Trauer auch nach dieser langen Zeit noch immer wie ein schwarzer Schatten auf seine Seele legen konnte. Deshalb empfand er für jeden Moment des Glückes große Dankbarkeit. Denn seine Tochter lebte noch, wenn auch fern der Heimat.

Kartse setzte sich wie gewohnt auf den großen Stein. Von hier hatte er einen Blick über das Dorf und vor allem auf den Berg. Aus einer kleinen, derben Wolltasche holte er eine Tasse mit Yakbuttertee hervor. Verknetete ihn mit ein wenig Tsampa zu einem Brei und strich sich mit den Fingern der linken Hand eine Portion in den weit geöffneten Mund. Besser konnte Heimat, besser konnte Upper Dolpo nicht schmecken.

Kartse hatte Yaks, Pferde und Weideland geerbt. Doch etwas anderes besaß für ihn viel größeren Wert. Sein Adoptivvater, ein streng religiöser Bauer, hatte ihm seinen Lotho vermacht, den tibetischen Kalender. Das Buch, dessen Alter niemand kannte, aber dessen Kraft jeder im Dorf aufs Ehrfürchtigste respektierte, war ausgerichtet an den Mondphasen und bestimmte den Tag für die Ernte, für Heirat, Himmelsbestattungen, Namensgebungen und Heilungen. Eigentlich bestimmte der Lotho jeden Schritt im Alltag. Und ein Leben ohne Lotho konnte sich niemand vorstellen.

Seit Jahrzehnten nutzte Kartse diesen Lotho, ergänzt durch eigene Beobachtungen, auch um das Wetter vorherzusagen. Er musste nicht den Himmel anschauen und wusste doch, wie das

Wetter werden würde, es stand in seinem Buch – und er irrte sich nur selten, weil sich sein Lotho nur sehr selten irrte.

Er trank noch einen Schluck Yakbuttertee. Eile war nicht vonnöten. Geduld war gefragt, denn der Lotho hatte ihm schlechtes, sehr schlechtes Wetter vorausgesagt. Über den Bergen im Süden hingen tiefschwarze Wolken. In all den Tagen, die er bereits den Nachmittag über hier wartete, hatte niemand den Weg von Shey Gompa bis hoch hinauf zum Bergsattel geschafft. Er wusste, dass schwerer Regen im Süden niedergegangen war, dass Wege blockiert und Menschen in Gefahr sein konnten.

Kartse nahm seine Thaenga aus der Manteltasche, ließ die Kugeln der Gebetskette durch seine Finger gleiten. Er vertraute der Stärke der Gebete. Er fühlte, dass deren Kraft in diesen Tagen gebraucht wurde.

Es blieb still am Berghang. Als die Sonne verschwand, packte der Schneider seine wenigen Sachen, ging hinunter zum Fluss und dann hinauf zum Haus, wo Nachok Gurung in der Küche schlief.

Morgen begann ein neuer Tag. Und am Nachmittag würde Karma Tsering wieder warten. Nicht allein, sondern mit den Göttern, die ihm Geduld und Zuversicht schenkten.

Draußen zogen schwere, dunkle Regenwolken auf. Aber der Schneider musste nicht hinausschauen.

Familiärer Mittelpunkt – die Küche, mit dem gusseisernen Ofen in der Mitte, bildet neben dem Hausalter den wichtigsten Raum in einem Haus der Dolpo-pa – auch für Karma Tsering.

Respekt

Von Juphal nach Shyangta

Heimat ist auch ein Gefühl

Flug SMA181 landet pünktlich um 9.10 Uhr in Juphal – allerdings mit genau einem Tag Verspätung. Schlechtes Wetter gilt als Grund. Die Enttäuschung hält sich dennoch in Grenzen. Nur vier Passagiere sind an Bord der nepalesischen Summit Air. Eine junge Frau steigt als Letzte aus. Sie klingt zufrieden: »Ich bin auch schon einmal eine Woche später angekommen.«

Wer sich auf den Weg an »das Ende der Welt« macht, der sollte wissen, dass es keine gute Idee ist, pünktlich zum Abendessen zu Hause sein zu wollen. Auch kann Google Maps dort nicht helfen, wo es keine Straßen gibt, sondern nur Berg und Tal soweit das Auge reicht. Für dieses Ziel gilt nur ein Versprechen: täglich neue Abenteuer in unbekanntem Terrain – welch seltenes Glück des Unterwegsseins. Eine Entdeckungsreise auf der Suche nach dem Glück liegt vor mir und nach Zufriedenheit in turbulenten Zeiten, zu Landschaften und Menschen – und vielleicht auch ein Stück zu mir selbst.

Mit der Landebahn von Juphal, vor gut dreißig Jahren in die Landschaft geschlagen und erst jüngst durch eine Asphaltierung von der Liste der weltweit gefährlichsten Flugfelder gestrichen, habe ich eine erste Zwischenstation erreicht. Bis zum Ziel werden es, so meine vorsichtige Planung, noch fünf Wandertage sein. Auf dem Weg dorthin sind drei Pässe mit mehr als 5000 Metern Höhe zu überqueren.

Die Maschine der Summit Air hebt schon nach wenigen Minuten zum Rückflug nach Nepalgunj ab. Wenn alles gut geht und das Wetter stabil bleibt, landet der gleiche Flieger in knapp drei Stunden noch einmal hier. Sicher ist die Rückkehr nicht – und das liegt nicht nur an den Unwägbarkeiten der Meteorologie: Fliegen in Nepal birgt immer ein hohes Risiko und Summit Air hat seinen Anteil daran.

Morgenandacht – viele Dolpo-pa überwintern in Kathmandu und beginnen zu dieser Zeit traditionell den Tag mit Kora-Umrundungen des Stupas von Boudha – einem ihrer wichtigsten Heiligtümer.

In Juphal ist mit dem Abheben der Maschine die Verbindung zur Außenwelt gekappt, Einsamkeit und Ruhe sind wiederhergestellt. Es gibt keine Eile, also bestelle ich im wohl besten, weil einzigen Restaurant im Hotel Mount Putha Dal Bhat, das nepalesische Nationalgericht aus Reis, Linsen sowie einer sauren Gemüsebeilage – für drei Personen. Denn ich bin nicht allein unterwegs, Tsering Sumjok und Samdup Gurung begleiten mich.

Vor zwei Jahren habe ich meinen ganz persönlichen Eindruck vom Himalaya gewonnen, dem »Sitz der Götter« und der »Wohnstätte des Schnees«. Ich bin auf dem Great Himalaya Trail von Kanchenjunga im Osten nach Darchula im Westen einmal quer durch Nepal gelaufen: insgesamt 1864 Kilometer in 87 Tagen, davon fast 100 000 Höhenmeter bergauf.

Facettenreicher kann man den Himalaya in Nepal kaum entdecken: Mal ragte der Makalu mit seinen 8481 Metern am Horizont auf, wenig später schwitzte ich in den Reisfeldern des Tieflandes bei über 30 Grad. Dann stand ich am Fuße des Mount Everests, in dessen Schatten ein Schneesturm auf dem Tashi-Labsta-Pass fast das Ende meines Abenteuers erzwang, bevor in Langtang der Monsun mit Regenmassen und Unmengen von Blutegeln das Weiterkommen erschwerte. Dafür konnte ich am Manaslu die Stille genießen und eine Landschaft, deren berauschende Vielfalt sich kaum in Worte fassen lässt. Upper Mustang lässt mich nach der schon so touristischen Annapurna-Runde wieder tief in die tibetische Tradition eintauchen. Und in The Far West bewegten mich die Einsamkeit und die beeindruckende Freundlichkeit der Bewohner, die nur selten Ausländer willkommen heißen können.

Zugleich lernte ich die Probleme und Ängste der Bergvölker kennen, die seit Generationen einem unwirtlichen Leben am Berg – zumeist erfolgreich – trotzen. Doch bedingt durch Klimawandel und Zivilisation trägt der Himalaya vielerorts ein gar nicht mehr so fernes Verfallsdatum, konnte ich erkennen.

Am lebhaftesten aber blieb mir die Durchquerung von Upper Dolpo in Erinnerung. In sieben Tagen legte ich mit drei befreundeten Sherpas fast 180 Kilometer in totaler Einsamkeit zurück. Sechsmal steigt der Trail in dieser kurzen Zeit auf über 5000 Meter Höhe. Trotz der enormen Anstrengung: Upper Dolpo war die Krönung meines Laufs auf dem Great Himalaya Trail.

Monate nach meiner Rückkehr, ich schrieb in München die letzten Kapitel an einem Buch über das Abenteuer, erhielt ich eines

Nachts eine E-Mail: »Upper Dolpo ist meine Heimat, aber ich lebe schon lange in Kathmandu. Ich habe Heimweh, doch eine Reise ist für mich unmöglich. Wir sind eine arme Bauernfamilie. Mit Ihren Fotos fühle ich mich meiner Familie, die ich seit vielen Jahren nicht gesehen habe, so nahe. Danke.«

Später komme ich in Kontakt mit der Schreiberin und treffe die junge Frau zweimal in Kathmandu. Ihr Name: Tsering Sumjok. Bei unserem letzten Treffen verspreche ich ihr: »Ich lade dich ein! Wir reisen zusammen in deine Heimat.« Heute ist es soweit: Wir sitzen zusammen beim Dal Bhat in Juphal. Herrlich.

Ich habe einen weiteren Begleiter gefunden: Samdup Gurung, einen jungen Design- und Kunst-Studenten, den ich durch Zufall in einem Café in Kathmandu kennengelernt habe. Er gefällt mir sofort. Der 21-Jährige kommt aus Upper Mustang, wo seine Eltern schon früh verstarben, hält sich mit einer Art kreativem Wahnsinn halbwegs in der Hauptstadt »über Wasser«, zeigt sich extrem freundlich und kommunikativ, spricht gutes Tibetisch und begegnet, wie sich später besonders zeigen wird, älteren Menschen und

Lauf-Abenteuer – der Autor lief 1864 Kilometer auf dem Great Himalaya Trail durch Nepal. Schönster Abstecher: durch die Berge von Upper Mustang, um Lo Manthang zu erreichen.

ihren Traditionen mit höchstem Respekt. Er kann seine tibetische Kindheit nicht verbergen, zum Glück!

Wenn alles läuft wie geplant, wird Tsering auf dem zweiten Teil meiner Reise nicht mehr mit uns unterwegs sein, umso mehr brauche ich einen zuverlässigen einheimischen Begleiter. Samdup ist die beste Wahl, ohne Zweifel. »Diese Reise wird mich an meine Heimat Upper Mustang erinnern. Ich liebe es so sehr, in den Bergen unterwegs zu sein«, freut sich der Mustangi – und keinerlei Zweifel sind angebracht.

Während wir auf das Essen warten, gelingt es mir, drei Träger anzuheuern, die hinter einem Zaun, der Flugfeld und Ziegenwiese notdürftig voneinander trennt, auf Arbeit warten. Es sind junge Burschen aus dem tieferen und somit milderen Gebiet Rukum, die in den Sommermonaten als Tagelöhner in den Höhenlagen von Upper Dolpo Arbeit suchen. In der Regel verdienen sie nicht viel. Ich versuche, eine Ausnahme zu machen, daher einigen wir uns schnell auf einen Lohn für zwei Tage Arbeit, denn wir planen, in Ringmo Tserings Schwester zu treffen. Pferde werden dann unser Gepäck über die drei 5000er-Pässe schleppen. Für den weiteren Aufstieg erscheinen mir die drei Träger, die aus derselben Familie stammen und sich deshalb mit ihrem Verwandtschaftsgrad ansprechen, nur bedingt gerüstet. Das wird schon beim Blick auf ihr Schuhwerk klar: Sie alle tragen zerschlissene Sandalen.

Der Dal Bhat kommt auf den typischen, vierteiligen Metalltellern, die in ganz Nepal fester Bestandteil des Alltags sind. Wir sitzen zu dritt an einem runden, wetterschiefen Holztisch, von draußen dringt beständig schwülheiße Luft durch die offenen Fenster. Noch immer hat der Monsun das Tal fest im Griff. Es sieht nach Regen aus: Ein untrügliches Zeichen dafür, dass wir uns zügig auf den Weg machen sollten.

Ich zahle das Essen und zwei Thermoskannen heißes Wasser und wir treten vor die Tür. Juphal, am Berghang gelegen, erweist sich als wilde Ansammlung von Bretterhütten und Verkaufsbuden. Unten im Tal führt eine Schotterpiste am mächtigen Thuli-Bheri-Fluss entlang und verschwindet in östlicher Richtung am Horizont hinter einer Kuppe.

Dort muss in nicht allzu weiter Ferne Dunai liegen, die »Hauptstadt« und der Verwaltungssitz für ganz Dolpo, immerhin der

---

Monsun-Grün – tief unterhalb von Juphal führt die neue Straße Richtung Dunai. Die Moderne scheint angekommen, Fahrzeuge sind aber noch eine Seltenheit.

größte der 77 Distrikte Nepals. Er gliedert sich in zwei Teile: Lower Dolpo ist vergleichsweise dicht besiedelt und – nach nepalesischen Maßstäben – einigermaßen entschlossen. Seine Bewohner sind zu über 80 Prozent hinduistisch geprägt. Unser Ziel dagegen ist Upper Dolpo. Fast so groß wie das Saarland, aber nur von 6000 bis 8000 Menschen bewohnt, vereint der Distrikt so viele Superlative von der nepalesischen Negativliste auf sich, dass man gar nicht weiß, wo man anfangen soll.

Upper Dolpo ist eine der einsamsten und unzugänglichsten Regionen des Landes und liegt zu rund 90 Prozent 3800 Meter über dem Meer. Die Bewohner, die sogenannten Dolpo-pa, gehören zu den bedrohten Völkern und waren bis vor Kurzem quasi von der Außenwelt abgeschnitten. Eine Tatsache, der es zu verdanken ist, dass sich hier eine der ursprünglichsten Lebensformen des gesamten Himalayas ebenso erhalten hat wie ein sehr traditionelles tibetisches Religionsverständnis.

Dem »Abgeschnittensein von der Außenwelt« ist es aber auch geschuldet, dass es keine Krankenhäuser, kein entwickeltes

Naturgewalt – nach heftigen Monsunschauern haben Wassermassen die Brücken über den Sulighat als Treibholz ins Tal hinuntergespült.

Bildungssystem und keine ausreichende Versorgung mit Lebensmitteln gibt, dafür aber zahllose Krankheiten, eine hohe Kindersterblichkeit, kaum Kommunikationsmöglichkeiten, keine Stromverbindungen und – neben der Mangelernährung – in den harten Wintern nicht selten Hungersnöte.

Die Wurzeln der Region lassen sich bis ins 7. Jahrhundert zurückverfolgen, als das heutige Upper Dolpo zum alten, sagenumwobenen Königreich Zhangzhung (tibet. Xang Xung) gehörte. Die Bön-Religion (engl. Bon) ist hier seit Menschengedenken wichtigster Eckpfeiler des Lebens. Der ursprünglich aus dem tibetischen Norden stammende, noch heute praktizierte Glaube ist primär animistisch geprägt und bezieht seine Kraft aus einer engen Verbindung zur Natur und zur Einsamkeit. Zu Upper Dolpo passt es genau, dass Bön häufig auch mit »Leere« oder »Einsamkeit« übersetzt wird. »Für uns Tibeter ist Bön die ursprüngliche Religion und die kulturelle Tradition unserer Vorfahren, die das tibetische Leben in vielen Aspekten geprägt hat«, so Seine Heiligkeit der 14. Dalai Lama über Bön, die heute vielen als die älteste lebendige Religion der Jetztzeit gilt.

Erschwerte Orientierung – Erdrutsche und Schlammlawinen
säumen das Flussufer des Sulighat am Morgen.

Magische Kräfte, Schamanen, Geister, Ahnenkult und Dämonen sind von großer Bedeutung und werden oftmals mit Naturphänomenen oder der extremen Landschaft in Verbindung gebracht. Sichtbarer Unterschied zum tibetischen Buddhismus, der erst später aus dem Süden nach Upper Dolpo drang, ist noch heute die Tatsache, dass Bön-Anhänger Heiligtümer und Mani-Wälle, die Anhäufungen von mit heiligen Mantras verzierten Steintafeln, in anderer Richtung als Buddhisten umrunden, also gegen den Uhrzeigersinn. Politisch wurde Upper Dolpo seit jeher in wechselnde Lager verschoben. So erklärten Königreiche wie Tibet, Mustang oder Jumla ihre Ansprüche, ehe im 19. Jahrhundert Nepal das Gebiet übernahm – eine Regierung, die bis heute vor allem durch ihr Desinteresse an Land und Menschen auffällt.

Offiziell beginnt Upper Dolpo oberhalb einer Linie von Ringmo im Westen und Dho Tarap im Osten. Eine Grenze, die für westliche Alleinreisende einen markanten Unterschied darstellt: Pro Woche sind in Lower Dolpo für Ausländer 10 US-Dollar Gebühr für den Trekking-Permit fällig, in Upper Dolpo sind es jedoch 100 US-Dollar pro Tag. Vielleicht ist dies der Grund, weshalb im gesamten Jahr 2019 nur 430 Ausländer dies Abenteuer wagten, zumal ihnen die Empfehlung mit auf den Weg gegeben wird, unbedingt an Zelte und die komplette Verpflegung zu denken, um möglichst als autarke Selbstversorger unterwegs zu sein. Schließlich gibt es offiziell so gut wie keine Unterkünfte und auch die Einheimischen können kaum von den knappen Nahrungsmitteln etwas erübrigen.

Bei Sulighat – das Taxi ist längst verschwunden, Dunai liegt schon in Sichtweite – beginnt unser Aufstieg. Auf dem Trail nach Shyangta rinnt der Schweiß in Strömen. Die beschlagenen Gläser meiner Brille tauchen die Landschaft in ein milchiges Licht. Dazu kommen Wolken aus kleinen Wassertropfen, die von den tosenden Fluten heraufwirbeln. In einer Waschmaschine mag es nicht wilder zugehen. Gespeist von unzähligen kleinen Zuflüssen, die nach dem tagelangen Monsunregen längst ihre Unschuld verloren haben, ist der Fluss zu einem Strom angeschwollen.

Der Lärm ist ohrenbetäubend. Doch ich genieße diese ersten Stunden des Unterwegsseins. Ich hole den kleinen Abstand zu Tsering auf, die vor mir geht, und rufe ihr gegen den Lärm des Flusses zu: »Wie fühlst du dich?«

»Großartig. Wir sind noch längst nicht am Ziel, aber ich spüre schon jetzt die positive Energie, die einem nur die Heimat geben kann.«

»Was hast du am meisten vermisst in all den Jahren?«

»Die Sommeralmen. Jogurt, Käse, Milch und all die grünen Wiesen. Das Wasser ist so klar und rein. Wir achten die Natur und respektieren sie seit Generationen. Wir streben nicht nach Reichtum, wir streben nach Respekt für unsere Mitmenschen, nach Zufriedenheit und nach Glück. Wir fühlen uns als Gemeinschaft, das macht uns stark – und lässt uns überleben.«

»Das klingt aufregend in der heutigen Zeit, Tsering.«

»Diese Überzeugungen sind die Basis unseres Lebens und unseres Alltags. Aber ich muss dir noch etwas anderes sagen: Diese Reise hat für mich eine ganz besondere persönliche Bedeutung. Sie wird zu einem sehr wichtigen Teil meines Lebens. Aber gedulde dich: Ich werde dir alles über mich erzählen, wenn wir angekommen sind. Jetzt ist noch nicht die Zeit«, lässt mich Tsering im Ungewissen.

Der ausgewaschene Trail zieht sich menschenleer mal enger, mal weiter entfernt am Flussufer entlang. Wir treffen kaum Einheimische. In den wenigen Dörfern wirken die Lehmhäuser verwaist. Niemand, der sich den Gefahren und dem Wetter an diesem Spätnachmittag in der Zeit des Monsuns aussetzen will. Wir spüren den Himmel an den reißenden Ufern des Sulighat feucht auf unserer Haut.

Bei Shyangta, einem kleinen Dorf mit wenigen Häusern, die sich hinter schönen Gärten verstecken, verlassen uns Kraft und Motivation. Wir folgen einem Wegweiser zum Sunita-Hotel, treffen dort auf eine lebensfrohe Gastgeberin. Sunita bietet uns gern Zimmer an, hat aber nicht mit unserem Erscheinen gerechnet. »Warum seid ihr hier heraufgekommen? Am oberen Flusslauf sind Brücken vom Hochwasser weggerissen worden. Es gibt kein Weiterkommen. Auch von oben hat es seit Tagen niemand zu uns herunter geschafft.«

Die Nachricht drückt die Stimmung, die sich auch nicht verbessert, als einige Nachbarn beginnen, unsere weiteren Pläne zu diskutieren. Längst ist klar: Es gibt hier kein Weiterkommen, es muss nur eine Antwort auf die Frage gefunden werden: Tagelang in Shyangta warten oder absteigen, um dann den Umweg über das Tal des Tarap Khola zu versuchen?

An diesem Abend überwiegt die Müdigkeit. Für eine Entscheidung fehlt mir die Kraft. Im Innern hoffe ich, dass sich am Morgen die Lage positiver zeigen wird.

Demut

Von Shyangta nach Dho Tarap

Pures Glück der Einsamkeit

Über Nacht findet der Regen kein Ende. Ich schlafe unruhig, obwohl ich das Fenster in meinem niedrigen Zimmer schon früh geschlossen habe. Doch der Lärm der tosenden Wassermassen lässt mich lange nicht zur Ruhe kommen.

Müde sitzen wir in der Küche um den gusseisernen Ofen. Es gibt heißes Wasser, ein gekochtes Ei und Reis vom Vortag. Der hart gestampfte Lehmboden strahlt etwas Wärme aus, die Feuchtigkeit in unserer Kleidung bleibt.

Gegen Mitternacht, so erzählt Sunita, seien tatsächlich zwei Einheimische den Berg heruntergekommen. Sie haben die kritische Lage bestätigt: Gleich an drei Stellen sind Brücken weggespült worden und ein Umweg ist kaum möglich. Fest steht, dass der Aufstieg lange nicht mehr machbar sein wird, jedenfalls zu lang für uns. Auch Sunita rät zum Aufbruch, und sie hat ihr ganzes Leben am tobenden Sulighat verbracht. Es bleibe nur die Möglichkeit, den Aufstieg ins Upper Dolpo über die Alternativroute von Tarakot zu versuchen. Ein Umweg, der mindestens drei Wandertage mehr bedeutet.

Ihre Einschätzung bestätigt nur meine Entscheidung, die ich in der Nacht getroffen habe. Als sich auch die Träger bereit erklären, weiter bei uns zu bleiben, gibt es keinen Grund, länger zu warten.

Gegen acht Uhr beginnt der Abstieg. Die Zahl der kleineren Erdrutsche hat im Vergleich zum Vortag deutlich zugenommen. Immer wieder müssen wir ausweichen, um Geröll- und Schlammmassen zu umgehen. Und die »Waschmaschine« Sulighat läuft weiterhin auf höchster Stufe. Der Pegelstand ist über Nacht nochmals angestiegen.

Im tristen Ortszentrum von Dunai, das wir bereits nach gut zwei Stunden durchqueren, reihen sich Gemüsestände, Krämerläden und Friseurstuben aneinander. Uns reicht ein kurzer Stopp in einer

---

Schlichte Schönheit – die Häuser in Upper Dolpo sind aus grobem Stein gebaut, doch oft überraschen die filigranen Details der niedrigen Eingangstüren.

heruntergekommenen Teestube. Wenig später setzen wir unseren Weg Richtung Osten fort, kommen schnell voran, sehen aber gegen Mittag schwarze Wolken aufziehen. Dass der Himmel seine Pforten wieder öffnet, stört uns nicht, denn die Kleidung ist noch vom Vortag durchnässt. Das Tal verengt sich, immer steiler werden die Felswände und der Himmel über uns wird immer schmaler. Die drückende Schwüle macht jeden Schritt zur Mühsal, obwohl wir eine Höhe von knapp 2200 Metern erreicht haben. Der Monsun zeigt sich weiterhin von seiner stürmischen Seite. Als der Trail direkt am Ufer des Thuli Beri entlangführt, kommen wir kaum noch voran – bis schließlich ein Weiterkommen unmöglich ist.

Unsere Träger setzen die Lasten auf einem Felsvorsprung ab und diskutieren in ihrem Dialekt lautstark und kontrovers. Ich verstehe kein Wort, doch ihre Mienen verraten, dass Gefahr im Verzug ist. »Einer von uns wird durch den Fluss bis hinter den nächsten Felsvorsprung waten und die Höhe des Wasserstandes prüfen«, erklärt ihr Anführer.

Ich stimme dem Vorschlag zu, denn es bietet sich keine Alternative. Es droht erneut ein Abbruch des Aufstiegs. Der erste Erkundungsgang endet ernüchternd. Sehr reißend sei das Wasser und der unebene Untergrund fast zu unsicher. »Wir würden es trotzdem versuchen, aber du entscheidest«, lautet ihr Kompromiss.

»Los, wir gehen weiter«, antworte ich spontan und überspiele mit der schnellen Antwort meine Unsicherheit. Ein Fehltritt, da gibt es keinen Zweifel, hätte fatale Folgen. Wir müssen uns so eng wie möglich an die Felswand drängen und dürfen auf keinen Fall in den Sog zur Flussmitte geraten, wo die Wassermassen in rasender Geschwindigkeit ins Tal rauschen. Ich warne Samdup und Tsering also, vorsichtig zu sein, und Tsering gesteht leise: »Ich kann nicht schwimmen.«

Zunächst bringen die Träger das Gepäck sicher auf eine etwa 200 Meter entfernte Kiesbank. Dann nehmen sie Tsering an die Hand. »Mach dir keine Sorgen wegen dem Schwimmen, es würde dir hier auch nicht helfen«, flüstere ich als die Gruppe startet und schnell bis knapp unter Brusthöhe im Wasser des Thuli Bheri versinkt.

Der stille Samdup Gurung, dessen Ruhe ich in diesem Moment bewundere, folgt dem Quartett, ich bilde den Schluss. Schritt für Schritt tasten wir uns vorwärts. Vor einem Felsvorsprung, der weiter in den Fluss hineinragt, verlangsamt sich das Tempo. Als Samdup aus meinem Blickfeld verschwindet, bin ich für einen Moment mit dem Fluss allein. Ich schaue talabwärts, wo sich die

Kraft des Monsuns – tagelanger Regen hat den Thuli Beri zu einem reißenden
Strom anschwellen lassen. Ein Fehltritt würde das Ende der Reise bedeuten.

Wellen aus dunkelgrauem, schlammigem Wasser überschlagen und die Gischt die Sicht trübt. Dass meine Hand blutet, merke ich erst, als ich die gefährlichste Stelle langsam vorantastend passiert habe und mich allmählich der sichereren, felsigen Insel am Rande des Thuli Bheri nähere, wo sich eine durchnässte Tsering und die anderen bereits in Sicherheit befinden.

Wir haben es geschafft – nach einer guten Stunde. Wir spüren die Nässe nicht, denn wir genießen den Moment und die Gewissheit, unseren Aufstieg zumindest jetzt fortsetzen zu können. Wir sehnen uns danach, Tarakot zu erreichen, unser Ziel für diesen Tag.

Müde, frierend, und doch zufrieden liege ich auf meinem Schlafsack. Vom Balkon vor meinem Zimmer, eigentlich eine Vorratskammer, höre ich das Kreisen einer Gebetsmühle und die leisen Mantras des greisen Hausherrn. Draußen zieht Dunkelheit auf. Ich schlafe erschöpft ein.

Wir sind auf dem Weg, mehr Motivation braucht der neue Morgen nicht. Bei Laisicap strahlt überraschend die Sonne vom fast blauen Himmel, es ist Zeit für die Mittagspause. Im Schatten

Unbeschwerter Morgen – der Aufstieg von Nawarpani
beginnt im ersten goldenen Sonnenlicht.

einer Plastikplane, die die Decke einer baufälligen Hütte, auf die wir stoßen, nur notdürftig ersetzt, steigt die Temperatur rasch in hochsommerliche Bereiche. Von draußen kommt kaum ein Luftzug, dafür hüllt der Rauch des offenen Feuers, auf dem wie üblich Dal Bhat-Reis kocht, den Raum ein.

Nur unsere Köchin, eine junge Frau, deren Lachen leicht mit der Lautstärke des nahen Thuli Bheri konkurrieren kann, genießt die Ankunft der seltenen Gäste ausgelassen. Das Kochen des Dal Bhat beschleunigt sich dadurch trotzdem nicht. Wie gewohnt vergehen fast zwei Stunden Warten.

Genug Zeit, dass sich oben in meiner Teetasse eine Schicht toter schwarzer Fliegen so dicht sammelt, bis die Farbe des Tees darunter kaum noch zu erkennen ist. Zur gesundheitlichen Sicherheit greife ich zu meiner fast leeren Wasserflasche und bleibe auch dem verspäteten Dal Bhat fern. Bald dränge ich zum raschen Aufbruch. Der Nachmittag bringt keine weiteren Überraschungen, im Gegensatz zur Nacht, die wir mit fünfzehn weiteren Gästen in einem Großzelt in Nawarpani verbringen.

Gefährlicher Mittag – Stunden später verliert sich der Trail an einer Felswand, die kein Weiterkommen erlaubt und unerwartete Gefahren birgt.

Dho Tarap (kurz Dho genannt), das Tor ins wirkliche Upper Dolpo, wie die Einheimischen sagen, ist nur noch eine Tagesetappe entfernt. Aber ich hatte ganz offensichtlich die Lektion, in der Abgeschiedenheit niemals zu viele Pläne zu schmieden, noch nicht wirklich gelernt.

Nur gut eine Stunde nach dem Aufbruch von Nawarpani müssen wir feststellen, dass die Wassermassen des Tarap Khola ebenfalls einige Brücken weit hinunter ins Tal gespült haben. Sie liegen als Treibholz im Flussbett. Diesmal bedarf es keiner Diskussionen: Jede notwendige Querung der reißenden Wassermassen ist unmöglich. Also suchen wir gleich nach einer Alternative – und finden sie in Gestalt einer jungen Frau, die uns euphorisch und überzeugend eine Abkürzung durch die Berge empfiehlt. »So könnt ihr heute Nacht in Toltol schlafen«, verspricht sie. Von dort wäre es leicht, am nächsten Tag in Dho anzukommen.

Wir folgen ihr hoffnungsvoll in die Berge und kommen gut voran. Den Fluss erkenne ich bereits weit unter uns. Doch plötzlich ragt eine schroffe Felswand steil auf, durch die kein Weg zu erkennen ist. In der allgemeinen Ratlosigkeit sucht jeder für sich nach einer eigenen Route. Ich treffe die falsche Wahl, versteige mich knapp unter dem Bergsattel und verliere an einem zu glatten Felsvorsprung den Halt.

Es sind Bruchteile von Sekunden, in denen mir klar wird, mein Dolpo-Abenteuer (und vielleicht sogar noch mehr) könnte in diesem Augenblick ein vorzeitiges Ende finden. Doch geistesgegenwärtig stellt einer der Träger, sonst eher still und zurückhaltend, seinen Fuß vor den Felsvorsprung, schiebt seine abgetretene Sandale unter meine Schuhsohle und gibt mir für einen Moment Halt, den ich blitzschnell nutze, während ich mich gleichzeitig an einem niedrigen Wacholderbusch festhalte. Ich schaue in einen Abgrund, der tief genug ist für einen unglücklichen Ausgang. Ich höre Tsering aufschreien und kaum später das Aufatmen der Träger: Ich bin in Sicherheit, aber auch an diesem Umweg sind wir gescheitert.

Abends am Feuer, erneut in Nawarpani, herrscht Stille. »Wir dachten, du stirbst«, sind sich alle einig. Selbst unsere einheimische Begleitung stimmt leise zu – ich kann nicht widersprechen, weil ich mich kaum an Details erinnern kann. Mir stehen Tränen in den Augen.

Wieder ist eine Alternative gefragt und wir entscheiden uns für den langen, aber hoffentlich sicheren Weg durch das Hinterland. Zwei Tage lang passieren wir steile Hänge, laufen über sanfte, mit Blumen übersäte Bergwiesen. Die Natur zeigt sich in einer berauschenden Vielfalt, umgeben von einer fast schon beängstigenden Einsamkeit. Es ist eine wundervolle Wanderung. Nicht nur auf Tserings Gesicht kann ich in diesen Momenten eine überwältigende Zufriedenheit erkennen. Wahrscheinlich wandere ich als seit Jahren erster Ausländer über diese abgelegenen Wiesen. Ein Blick auf die Landkarte? Zwecklos, dieser Trail ist nirgendwo verzeichnet.

Kurz vor einer Passhöhe sehen wir am Horizont einen Hirten mit seiner Schafherde ziehen. Aus der Ferne dringen seine Pfiffe herüber, mit denen er die Hunde dirigiert, dann kommt der Schäfer näher. Die Verwunderung, hier in der Einsamkeit auf Fremde zu treffen, hat seine Neugierde geweckt – oder vielleicht ist es auch nur die Hoffnung auf eine Zigarette, die wir ihm anbieten können.

Auf seinen Wanderstab gestützt, hockt er vor uns auf der Wiese, die in Rosa leuchtet. Überall blüht dicht an dicht der Wiesenknöterich. »Manchmal sehe ich Amchis, unsere traditionellen Ärzte, in dieser Gegend, die die Blüten und ihre Wurzeln sammeln. Sie nennen die Blume Menlo« – er benutzt den tibetischen Namen und erzählt, sie helfe bei Lungenproblemen und Darmstörungen, doch seine Miene verrät Skepsis. Für ihn dienen die Almen offensichtlich zuallererst als satte Hänge zum Grasen für seine fast zweihundert Schafe. »Ich bin am liebsten allein mit meinen Tieren und dem Himmel«, sagt er zum Abschied. Doch dieser Worte hätte es nicht bedurft, denn seine Freude über die Einsamkeit ist unverkennbar. Bevor der Hirte Richtung Herde verschwindet, dreht er sich noch einmal um und ruft laut: »Danke für die Zigarette!« Wir lachen, er strahlt zufrieden und geht kraftvollen Schrittes in seine Welt zurück – eine Welt ohne den Fremden und ohne die Fragen nach Menlo.

Unsere Zelte stehen in dieser Nacht in einer Talsenke unter einem bedrohlich überhängenden Felsen, während weit entfernt in der Tiefe der Tarap Khola tobt. Am nächsten Morgen kommt eine Mulikarawane zügig den Berghang hinauf. Ihr Anführer erzählt, auch sie habe der tosende Fluss in die Berge des Kirlung Danda gezwungen, aber wir sollten beruhigt sein. »Ihr seid auf dem richtigen Weg, nun geht es bergab und in einer guten Stunde seht ihr den Trail nach Dho.«

Und wirklich taucht schon bald oberhalb von Sisaul unsere ursprüngliche Route am Horizont auf. In Langa Camp essen wir mit Genuss und Heißhunger chinesische Instantsuppen. Wir stoppen nur kurz, denn die Atmosphäre in diesem typischen Sommerlager, das vor allem Reisenden die Möglichkeit für eine Rast bietet, bildet einen krassen Gegensatz zu dem, was wir in den vergangenen beiden Tagen erlebt haben: Hier flimmern ohne Unterbrechung lautstark Bollywood-Musikvideos über den Bildschirm, während meine Gedanken noch ganz in den einsamen Bergen und beim glücklichen Schäfer und seiner Herde sind. Ich sehe das zufriedene Gesicht des alten Mannes vor mir, wie er in stiller Nacht allein auf einer Almwiese liegt. Vielleicht denkt er dabei an die Fremden, denen er begegnet ist, und wünscht sich, noch einmal mit ihnen zusammen zu sein – denn es wäre seine Chance auf eine weitere Zigarette. Ich halte es für sehr gut möglich – und schlafe kurz ein.

Als ich vor das dunkle Videozelt trete, strahlt die Sonne über dem felsigen Tal. Der Tarap Khola wirkt heuchlerisch friedlich, dabei hat dieser verdammte Fluss uns den Aufstieg so unglaublich schwer gemacht.

Doch jetzt zieht sich das Tal sanft hügelan. Nach knapp zwei Stunden liegt Dho im Blickfeld, oben am Hang überragt von der berühmten Ribo Bhumpa Gompa, in der ich schon lange auf eine Verabredung mit dem verantwortlichen Rinpoche hoffe. Allein, der Aufstieg gerät erneut ins Stocken – aus einem inzwischen seltenen, traditionellen Grund: Auf dem schmalen Trail am Fluss kommt langsam eine Yak-Karawane näher. Elf vollbepackte Tiere laufen voraus, gefolgt von einer vierköpfigen Familie.

»Wo kommt ihr her?«

»Natürlich aus Tibet. Wir sind vor zwei Tagen gestartet. Die Zeit des Handels ist vorbei. Die Grenze ist wieder geschlossen. Aber es war sowieso kein gutes Geschäft. Jetzt ziehen wir runter ins Tal. Wir sind spät dran. Wir müssen weiter. Tashi Delek.«

Sie wünschen »Viel Glück« und »Wohlergehen«, dabei könnten sie diese Wünsche selbst gut gebrauchen, denn inzwischen gehören solche Yak-Karawanen zu den letzten ihrer Art. Über Jahrhunderte bildete der Handel mit den tibetischen Nomaden das wirtschaftliche Rückgrat für ganz Dolpo. Die Dolpo-pa transportierten Getreide und Reis aus dem Süden Nepals auf das »Dach der Welt« und nahmen dafür auf dem Rückweg tibetisches Steinsalz mit in die Heimat. Dieser Handel hatte einen doppelten Effekt: Er garantierte eine regelmäßige Einnahmequelle und ergänzte zugleich den kargen Speiseplan.

Doch dann änderten sich die Zeiten: Subventioniertes Salz aus Indien, wenn auch von schlechterer Qualität, löste die Tibetware ab. Bald gab es den nächsten Rückschlag fürs Geschäft: Der Handel mit Yasarghumba, einem Raupenpilz, den die Dolpo-pa auf Tibetisch »Sommergras-Winterwurm« nennen und der schon seit Generationen zur allgemeinen Grundausstattung eines Amchis gehörte, bestimmte plötzlich das komplette Wirtschaftsleben. Denn der chinesische Glaube, dieses »Yasar« könne die männliche Potenz in ungeahnter Weise anregen, ließ aus einer braunen Wurzel die vielleicht teuerste natürliche Medizin weltweit werden. Zu den Spitzenzeiten zahlte man in China auch schon mal 90 000 US-Dollar pro Kilo.

Dieser Boom ist abgeflaut, denn der Klimawandel und eine zu intensive Ernte – pro Saison kamen bis zu 30 000 Sammler aus ganz Nepal – ließen dem Pilz in den letzten Jahren kaum Zeit zum Wachsen. Damit versiegte die wichtigste Einnahmequelle der Dolpo-pa, doch das Comeback der Karawanenführer blieb aus. Denn die Chinesen zerstörten ihre letzte Hoffnung und unterbanden den Tsongra Duee, den traditionellen Grenzhandel mit Tibet, fast gänzlich. »Früher gab es den Markt zweimal jährlich. Doch seit den Olympischen Spielen 2008 in Beijing riegeln die Chinesen die Grenze immer mehr ab. Sie haben Angst, Tibeter könnten nach Nepal fliehen. Die Chinesen sind sehr argwöhnisch geworden«, erzählt mir später ein Händler und fügt schnell hinzu: »Aber bitte meinen Namen nicht nennen. Ich traue den Chinesen alles zu.«

Wie es die Yak-Karawane vor Dho geschafft hat, über die inzwischen so schwer zu passierende Grenze zu gelangen, erzählen uns zwei alte Männer bei unserer Ankunft im Dorf: »Wenn sie um diese Jahreszeit aus Tibet kommen, dann kennen sie, wie viele andere auch, einen Pass, wo sie von den chinesischen Soldaten unbeobachtet sind«, vermuten die beiden, die vor dem Hotel Caravan sitzen, in dem wir nach fünf Tagen Wanderung endlich ein hartes Lager finden.

Ich bestelle ein Bier. Gebraut in China. Es kam also mit einer Yak-Karawane. Auch deshalb schmeckt es mir besonders gut. Dho Tarap ist erreicht. Ich hatte mehrmals den Glauben daran verloren.

Folgende Doppelseite: Heimspiel – im Sommer gehören die Almen und die Ruhe den Hirten mit ihren Herden. Fremde Besucher sind eine seltene Abwechslung.

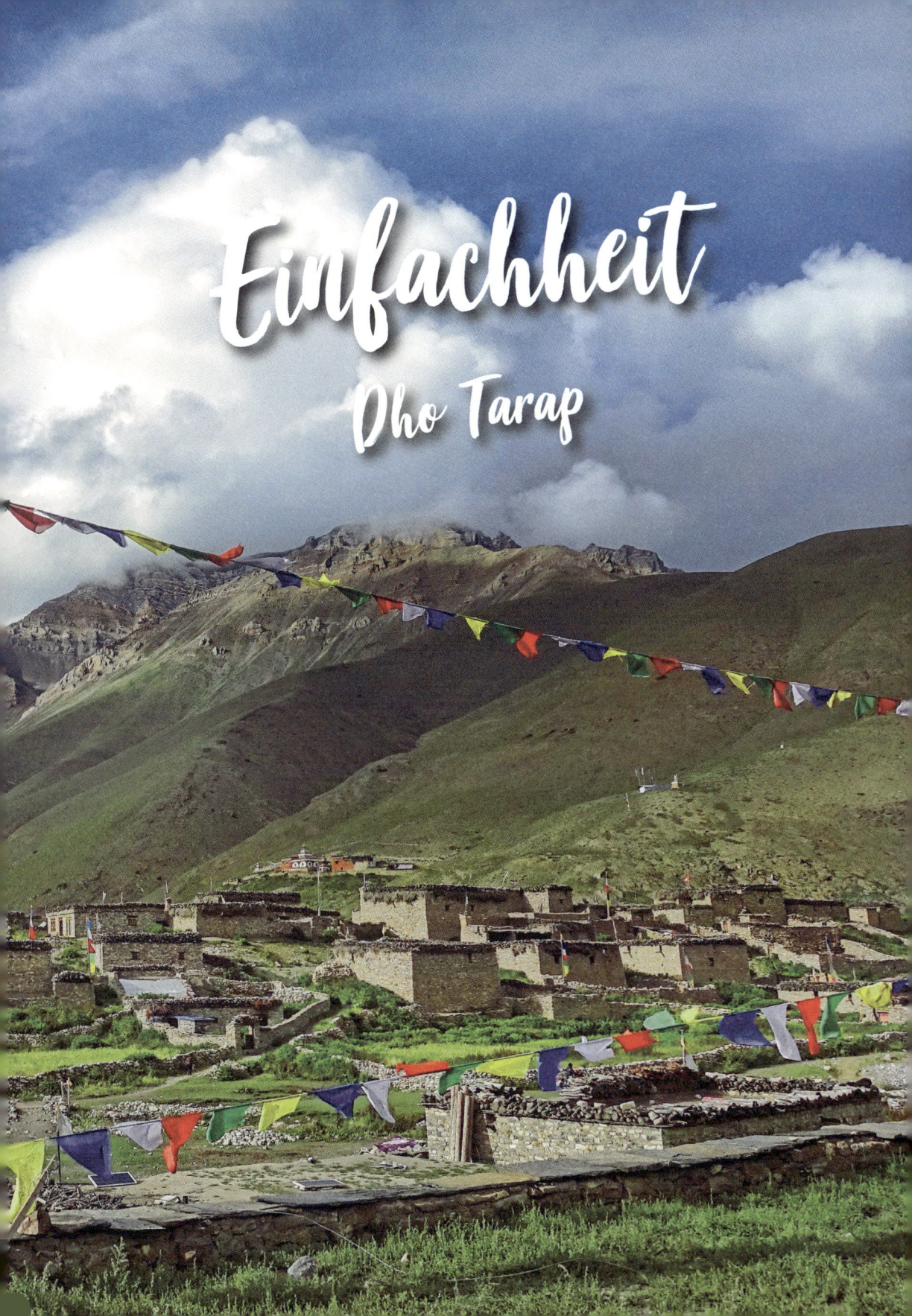

Einfachheit

Dho Tarap

Normalität gibt Halt

Das Tal von Dho Tarap atmet Leichtigkeit. Die engen Felsschluchten des Aufstiegs verlieren in der Erinnerung ihren Schrecken. Die Sonne fällt schon zu früher Stunde auf die knapp fünfzig Häuser, die sich mit ihrem dunklen Stein aus den grünen Gerstenfeldern erheben. Über dem Dorf stehen weiße Rauchfahnen als optischer Beleg dafür, dass ein neuer Tag wie üblich in der wärmenden Küche mit Yakbuttertee und Tsampa beginnt.

Unsere drei freundlichen Träger aus Rukum haben bereits in der Morgendämmerung den Rückweg ins Lower Dolpo angetreten. Am Abend zuvor hatten sie mir einstimmig mitgeteilt, dass sie noch nie einen solch dramatischen und hindernisreichen Auftrag gemeistert hätten, und der Jüngste unter ihnen, plötzlich gesprächig, ergänzte: »Schön, dass du noch lebst! Wenn du es noch einmal machen willst, melde dich, wir sind wieder dabei.« Wir nahmen uns in die Arme – und bestellten Dal Bhat, sie hatten sich die Stärkung mehr als verdient.

Dho Tarap, »das Tor ins Upper Dolpo«, verdankt den Ruf als »geschäftiges« Handelszentrum vor allem seiner perfekten geografischen Lage – Dho ist aus allen Himmelsrichtungen gut zu erreichen. Kurz nach dem Frühstück kann ich die gute Lage auch hören, denn der Sound von Motorrädern hallt lautstark vom nahen Fluss herüber. »Seit einigen Tagen gibt es eine Piste, die bis hinauf nach Tinje, Shimen und weiter an die tibetische Grenze führt«, freut sich ein alter Mann, der seine Ziegen zum Fluss führt. »Die jungen Leute kaufen jetzt diese Maschinen in China. Es ist wohl die neue Zeit.« Doch als eine seiner Ziegen Gefahr läuft, beinahe die neue Zeit nicht mehr zu erleben, trübt sich seine Freude und er schimpft auf einen jungen betrunkenen Halbstarken, der zwar ein Motorrad besitzt, aber keinerlei Fahrkenntnisse. Wer sollte auch nach einem Führerschein fragen: In Upper Dolpo gibt es so gut wie keine Polizei oder andere Vertreter des Staates.

Moment der Stille – Verehrung für Guru Rinpoche
im Altarraum der Ribo Bhumpa Gompa

Im Dorf ist die Moderne unüberhörbar, doch oben am Berg residiert ein Mahner, der lange schon vor den Folgen des Fortschritts warnt. Optisch könnte er auch als Erinnerung an die Hippiezeit der 1970er-Jahre durchgehen, bei den Einheimischen besitzt er jedoch heiligen Kultstatus und einen klangvollen Namen: der hochverehrte Dolpo Amchi Namgyal Rinpoche. Lädt der 53-Jährige zu Puja-Andacht und Gebet oder öffnet seine Kräuterkammer für Kranke – so zeigen die Facebook-Einträge seiner Tochter –, pilgern Gläubige in Scharen Richtung Ribo Bhumpa Gompa, der er als leitender Rinpoche vorsteht, er, einer der erfahrensten tibetischen Ärzte weltweit.

Als Rinpoche, der Reinkarnation eines ranghohen Lamas, ist ihm die Verehrung der Menschen im Tal »von Amts wegen« sicher. Doch er belässt es nicht bei frommen Worten, sondern arbeitet für den World Wildlife Fund (WWF), sammelt Spendengelder für Bedürftige und kämpft für die Rettung der traditionellen Medizin. Mehr gute Taten fürs Karma lassen sich kaum anhäufen.

Lange schon versuche ich vergeblich, den Heiligen vom nahen Berghang zu sprechen: Er sei selten zu Hause, ein Treffen deshalb schwierig zu vereinbaren, ließ man mich mehrmals wissen.

Doch nun ist es nur ein kurzer Aufstieg zur Gompa, von wo der Blick herrlich über das Tal geht, und ich bin gespannt, ob ich ihn dort antreffe.

Traditioneller kann ein Haus in Upper Dolpo nicht sein: Getrockneter Yakdung stapelt sich hinter der Eingangstür bis unter die Decke; ein abgewetzter Baumstamm, in den Stufen geschlagen sind und der als Leiter dient, führt in den ersten Stock, wo zwei Frauen in der Wohnküche Gebetsmühlen kreisen lassen. Es riecht nach Yakbutter in dem rußgeschwärzten Raum.

Schnell gelingt es Tsering, die Sympathien von Nyishar Lama, der Ehefrau des Amchis, zu erobern, dazu reicht, dass sie die klassische Willkommensfrage bejaht: »Darf ich dir etwas von meinem Tsampa anbieten?« Das geröstete Gerstenmehl ist zugleich der ganze Stolz der Dolpo-pa, den man gern mit Besuchern teilt.

Tsampa sei Dank kommen wir schnell ins Gespräch. Auch die Frage nach ihrem wichtigsten Besitz in der geräumigen Küche lässt Nyishar Lama nicht lange unbeantwortet. Sie geht zu einem kleinen Schrank, auf dem ihre Gebetsmühle liegt: »Sie begleitet mich immer. Zu Hause nehme ich diese große, unterwegs auf Reisen habe ich eine kleinere. Die ist handlicher«, strahlt sie, setzt das Schwunggewicht in Gang und murmelt ein kurzes Gebet unter den Augen von Nyima Lhamo, deren Anblick meine Aufmerksamkeit auf sich

zieht: Die jüngere Schwester leidet ganz offensichtlich an Polydaktylie, die sich bei ihr durch einen doppelten Daumen an der rechten Hand zeigt. Meinem Erstaunen wird in der Küche nicht weiter Aufmerksamkeit geschenkt. »Es gibt viele Menschen in Upper Dolpo, die Missbildungen an Händen oder Füßen haben«, stellt Nyishar nüchtern fest. Nyima lacht – und hebt die Daumen. »Vielen Menschen bei uns gelten zwei Daumen als Glückszeichen.«

Wir trinken köstlichen Tee – die Blüten, so die Hausherrin, habe ihr Mann selbst in den Bergen gesammelt – und warten geduldig, schließlich werde der Amchi gleich zurückkommen, so hat er es am Telefon versprochen. Tatsächlich, in Dho gibt es seit Kurzem eine Telefonverbindung, die geeignete geografische Lage zwischen den Bergen und Nepal Telecom haben es möglich gemacht. Der Fortschritt ist also schon da – und wenig später auch der Amchi, der plötzlich strahlend in der Küche steht. Kein Zweifel: Der Typ könnte in Europa schnell die Herzen vieler Follower gewinnen, so mein erster Eindruck beim Anblick des Mannes, der seine Haare cool zu einem langen Pferdeschwanz zusammengebunden hat. Wir

Heiliger mit Ausstrahlung – Dolpo Amchi Namgyal Rinpoche
in der Küche seines Wohnhauses

kommen schnell ins Gespräch: »Ich kenne dich, du hast mal vor einigen Jahren Fotos in unserem Kloster gemacht. Du bist in unserer sehr langen Geschichte der erste Läufer, der in Sportkleidung in unseren heiligen Räumen saß!«

Damit hat er mich kalt erwischt, und er zeigt nicht nur ein gutes Erinnerungsvermögen, sondern hat zudem Recht. Auf dem Great Himalaya Trail kamen wir durch Dho und suchten während eines Sturms Schutz, den wir nur in der Ribo Bhumpa Gompa fanden. Zum Glück war der Rinpoche damals unterwegs. Nach einer guten Stunde waren wir weitergelaufen, freuten uns aber noch viel länger über den historischen Rastplatz. »Ich entschuldige mich, mein Verhalten war sicher nicht angemessen.«

»Kein Problem, es zeigt nur, dass unser Kloster Bedürftigen Schutz geben kann. Das ist doch herrlich!« Der Rinpoche nimmt vor einem kleinen Altar seinen Stammplatz ein, greift zum Blütentee, lacht und sagt: »Fang an zu fragen, Läufer!«

»Es sind turbulente Zeiten. Überall verändert sich das Leben rasant. Traditionen gehen verloren. Alles scheint im Fluss und viele Menschen verlieren die Orientierung«, beginne ich.

»Wir haben schon viel länger turbulente Zeiten. Sie begannen im Jahr 1993, als das Geschäft mit Yasarghumba startete. Damit kam die Balance in der Natur und in unserem Leben aus dem Gleichgewicht. Vorher hatten wir ein ausgeglichenes Klima. Es gab Sommer und es gab Winter. Jetzt wissen wir kaum noch, welche Jahreszeit uns welches Klima bringt.«

»Klassische Folgen des Klimawandels. Aber doch eher weniger die Folgen eines veränderten Lebens.«

»Bei uns haben sich durch diese Veränderungen auch die Menschen gewandelt. Sie hatten plötzlich Geld und mit diesem Geld veränderte sie ihr Leben. Und jetzt finden sie keinen Frieden mehr in ihrem Tun, weil sie einem anderen, neuen Lebensstil folgen. Sie vergessen dabei ihre Herkunft und ihre Kultur – ihre Wurzeln. Doch Wurzeln sind im Leben wichtig.«

»Geben Sie mir ein Beispiel?«

»Geld und Besitz – bei uns in Form von Yasarghumba – können unsere Gesellschaft ›vergiften‹. Hier gab es Kämpfe zwischen Familien, Dörfern und ganzen Regionen. Streit und Missgunst, die wir so gar nicht kannten, hatten dort ihren Ursprung.«

Prachtstück – nicht nur für Nyishar Lama, Ehefrau des Dolpo Amchi, gehört ihre Gebetsmühle zum wichtigsten Besitz.

»Bei uns würde man sagen: ›Geld verdirbt den Charakter.‹«

»Sagt man bei uns nicht, stimmt aber. Bei uns gab es traditionell eine wichtige Verbindung zwischen den Amchis, ihrer Arbeit und der Bevölkerung. Damals stellte ich auf einer Versammlung die Frage: ›Ist es richtig und gut, Yasar zu sammeln?‹ Was bekam ich als Antwort? ›Du kannst sagen, was du willst, wir werden immer Yasar sammeln, wir brauchen das Geld!‹ Ich war schockiert.«

»Dabei spielte Geld lange keine große Rolle in Upper Dolpo.«

»Inzwischen haben sich die Menschen und ihre Beziehung zum Geld längst verändert. Durch die Nähe zu China gibt es plötzlich Lebensmittel, die wir vorher gar nicht kannten und eigentlich nicht benötigen. Früher hatten wir ein Glas, aus dem wir getrunken haben. Das hat uns gereicht. Jetzt haben wir viele Gläser zur Auswahl, aber wir haben gar keinen Platz, wo wir die alten Gläser entsorgen könnten. Der Wandel geht zu schnell.«

»Wünschen Sie sich manchmal das normale, das alte Leben zurück?«

»Das Normale gibt uns Halt und Struktur. Wenn wir es haben, erscheint es uns manchmal langweilig; fehlt es uns, vermissen wir es jedoch. Wir verlieren unsere Traditionen, unseren Alltag und unsere Routine im Leben. Doch diese drei Eckpfeiler sind wichtige Säulen, die uns Halt geben können.«

Seine Ehefrau Nyishar mischt sich freundlich und mit sanfter Stimme ein. »Ich stehe jeden Tag kurz vor sechs Uhr auf. Ich hole Wasser für den Tempel, zünde Butterlampen an und gehe auf die Kora, unsere Gebetsrunden. Manchmal schaffe ich drei, aber auf jeden Fall immer eine. Danach kümmere ich mich um das Frühstück. Ich kann mir einen Tageablauf nicht anders vorstellen.« Dabei lässt sie ohne Unterlass die 108 Holzperlen ihrer Mala durch die Finger gleiten.

»Entschuldige, eines muss ich noch erwähnen«, unterbricht sie wenig später ihren Mann. »Wir folgen dem tibetischen Mondkalender. Drei Tage sind darin monatlich für uns von besonderer Bedeutung: der 10., der 15. (Vollmond) und 30. Tag (Neumond). Dann kommen viele Pilger in unsere Gompa. Diese Tage, an denen wir die Gemeinschaft besonders pflegen, sind so wichtig für uns, weil sie uns Halt geben.«

Der Amchi nickt, steht auf, rückt seine Kutte zurecht und sagt: »Lasst uns in die Gompa gehen. Ich zeige euch den Altarraum.«

Vor der übergroßen Statue des Guru Rinpoche (des Padmasambhava), einer Art spirituellem Globetrotter im 7. Jahrhundert, der fast überall im Himalaya Spuren hinterließ, beginnt Dolpo Amchi über das Reisen zu sprechen. »Früher sind wir nie gereist. Es gab keine Möglichkeit dazu. Im Sommer hatten wir Arbeit, im Winter so viel Schnee, dass wir das Haus kaum verlassen konnten. Dann kam das Geld und viele Mitmenschen konnten sich plötzlich eine Reise leisten. Jetzt haben wir bald sogar eine Straße. Wir sind also viel mehr unterwegs. Aber so verlieren wir den Kontakt zu unserer Heimat und zu unserem Zuhause, wo wir uns auskennen und wohlfühlen. Auch deswegen droht die Gefahr, unsere Normalität einzubüßen.«

Wir haben uns längst verabschiedet, Dolpo Amchi Namgyal Rinpoche sitzt wahrscheinlich schon bei der nächsten Puja-Andacht in seiner Gompa, doch mir gehen seine Gedanken noch lange durch den Kopf. Ich spüre eine positive Stimmung nach dieser ungewöhnlichen Begegnung mit dem so begehrten wie lebensweisen »Heiligen«, der auch mitten im realen Leben seinen Platz gefunden hat.

Hinter einem großen Chörten im Tal, der seit dem 11. Jahrhundert den Eingang nach Dho markiert, entscheiden wir uns für einen kurzen Weg in nördlicher Richtung, wo der Dho Health Post am Berghang liegt. Tsering hofft, dort eine ihrer Schulfreundinnen zu treffen.

Wir haben Glück. Es sind keine Patienten im Warteraum, der eher einer Baustelle gleicht. Dafür begrüßt uns Karma Tsangmo, die Schulfreundin, die als eine Art Krankenschwester seit sieben Jahren hier arbeitet. Für die medizinische Versorgung der Dolpo-pa fühlt sich bislang niemand in Kathmandu verantwortlich. Und so gibt es kein offizielles, staatlich gefördertes Krankenhaus. Es sind zumeist NGOs, die sich um Hilfe bemühen. In Dho ist es die französische Organisation »Action Dolpo«, die auch die nahe Crystal Mountain School seit vielen Jahren am Leben erhält. Der jungen Frau ist die Erleichterung anzumerken, eine gute Freundin zu treffen.

»Ich bin aktuell ganz allein«, seufzt die 28-Jährige und erklärt Tsering und uns ihre Situation. »Die meisten Patienten haben gar kein Wissen über Ernährung und Hygiene. Vielleicht haben wir ein Medikament zur Behandlung, aber das können wir nicht garantieren. Bluthochdruck von zu viel salzigem, fettem Yakbuttertee, Gastritis und Diarrhö sind die häufigsten Erkrankungen. Ich kann kleinere Eingriffe vornehmen, ich kann Zähne ziehen und natürlich bringe ich Kinder zur Welt. Aber meistens sind es dann Hausgeburten, denn die Frauen haben Scheu, bei uns zu entbinden. Im letzten Jahr habe ich sieben Geburten durchgeführt, nur eine fand in unserem Geburtszimmer statt. Viele Bewohner vertrauen uns nicht, sondern gehen lieber zu den Amchis. Bei ganz schweren Krankheitsfällen rufen wir einen Helikopter, vielleicht ein- oder zweimal im Jahr.«

Ich bin sprachlos. Und fasziniert zugleich. Da gibt es kein Gerät zum Sterilisieren von Instrumenten. Der Zahnarztstuhl ist eine Spende aus einem Fitnessstudio in Australien, die Schaumstoffrollen für die Knie sind völlig abgewetzt. Es gibt nur wenig Strom für den Notfall, die meisten Wasserhähne und Becken sind abmontiert, fast alle Wände feucht, es gibt keine Heizung – und ich denke: An diesem Ort gibt es auch keine Hoffnung. Doch Karma erklärt ihre Arbeit mit einer unglaublichen Begeisterung. Sie trägt die Verantwortung über Leben und Sterben in einer ganzen Region. Sie muss entscheiden, was im Notfall zu tun ist. Und das ohne Telefon, ohne Internet, ohne Krankenkasse – und wahrscheinlich auch ohne ein passendes Medikament.

Sie könne doch ein bequemes Leben in Kathmandu genießen, werfe ich fragend ein. Sie zögert, weil sie den Sinn der Frage nicht versteht, und antwortet leise: »Hier ist meine Heimat, die mich braucht. Dies ist meine Aufgabe, meine Bestimmung. Ich kann und will den Menschen etwas zurückgeben. Ich bin glücklich, auch wenn es manchmal sehr, sehr schwer ist.« Weitere Worte sind nicht nötig.

Draußen hat Dauerregen eingesetzt. Es wird langsam dunkel, als wir wieder vor dem Hotel Caravan ankommen. Von innen schallt eine vertraute Stimme heraus: Der Dolpo Amchi Namgyal Rinpoche schaut noch auf einen abendlichen Plausch und einen Tee vorbei. Wir lachen viel, nicht nur über den unfreiwilligen Stopp eines Trailläufers vor einigen Jahren.

Spät in der Nacht wecken mich andere laute Stimmen. Ich stehe auf, trete einige Schritte in die Dunkelheit und entdecke im Lichtstrahl meiner Stirnlampe ein junges Mädchen mit zwei Pferden. »Sie hat es geschafft!«, höre ich Tsering in der Schwärze der Nacht rufen und begreife: Ihre Schwester Dolma Gurung ist nach dreitägiger Wanderung in Dho angekommen, um uns am nächsten Tag nach Hause zu begleiten. Ich atmete tief durch – und schlafe glücklich ein. Was für ein Tag. Was für Begegnungen.

Bescheidene Verhältnisse – Krankenschwester Karma Tsangmo
im Dho Health Post, wo eine in Australien ausrangierte Fitnessbank
als Behandlungsstuhl dient

Gelassenheit

Von Dho Tarap nach Shey Gompa

Die Erwartungen senken

Die Ankunft der Pferde hatte Tsering am Vorabend in freudige Aufregung versetzt. Während ich in den Tieren vor allem unersetzliche Helfer auf dem Weg nach Bhijer sehe, stehen Tsering Tränen in den Augen, als sie Ta Doenmar wiedersieht, ihren Schimmel, der sie durch ihre Kindheit begleitete. Die Emotionen werden für mich verständlicher, als ich höre, dass Ta Doenmar den Weg nach Dho gar nicht mehr hätte antreten sollen, sondern für ihn schon ein Platz im »Pferdehimmel« reserviert war.

Die dazugehörige Geschichte spielte sich in Bhijer ab: Der Schimmel ist nicht mehr der Jüngste, kann deshalb nicht für die Arbeit eingesetzt werden. Ta Doenmar trägt also den Makel, ein Minusgeschäft zu sein und gilt nach Dolpo-Verständnis als nutzlos, muss aber weiterhin gefüttert werden. Das klingt hartherzig, aber es darf nicht unerwähnt bleiben, dass im Winter oft kein Futter mehr vorhanden ist und darum auch etliche gesunde Tiere jedes Jahr versterben.

Daher kommt Dolma, die zu Hause finanziell das Sagen hat, zu dem Entschluss, das Pferdeproblem auf traditionelle Weise zu lösen. »Nach Tibet schicken« – da weiß jedes Familienmitglied, was gemeint ist: Bei nächster Gelegenheit würde man Ta Doenmar einfach irgendwo in der Einsamkeit der Berge, oftmals war dies in Tibet, allein zurücklassen und so loswerden. Als Tsering im fernen Kathmandu von dieser Idee hört, gibt es Streit, bis die Familie sich einigen kann: Tsering übernimmt die Kosten für das Futter und Ta Doenmar bleibt der Weg nach Tibet erst einmal erspart. Das tierische Problem ist friedlich gelöst, auch wenn mir Tsering später gesteht, sie habe bislang noch keine Rupie investieren müssen.

Als wir Dho hinter uns lassen, sind es Tsering und Ta Doenmar, die als harmonisches Duo den letzten Chörten des Dorfes passieren, danach öffnet sich der Weg Richtung Norden. Nach knapp drei Stunden sanfter Wanderung kommen wir nach Tokyu, dem letzter Stopp vor der endgültigen Einsamkeit. Die Siedlung mit ihren

---

Allein mit der Natur – Dawa Gurung kennt den Weg
von Tokyu Richtung Shey Gompa.

Oben: Mitfühlender Kümmerer – Dolpo Nyinchung Tulku RInpoche
Unten: Letzte Hoffnung – Spenden sollen die Restaurierung
der Jampa Lakhang Gompa ermöglichen.

knapp 300 Einwohnern liegt auf 4300 Metern Höhe und dämmerte lange in einer Art Himalaya-Dornröschenschlaf, bis vor gut einem Jahrzehnt ein lokaler Hirtenjunge mit Namen Sherap Sangpo in Indien Seine Heiligkeit den 14. Dalai Lama traf und beschloss, die heimatlichen Weiden zu ~~verlassen und eine~~ Ausbildung zum Mönch zu ~~durchlaufen~~. Auch ich kann mich der charismatischen Geschichte nicht entziehen, denn der Junge wurde im Alter von zehn Jahren als Reinkarnation, also als Wiedergeburt des Dolpo Nyinchung Tulku Rinpoche anerkannt. Erst nach siebzehn Jahren sollte der nun »Heilige« nach Upper Dolpo zurückkehren und in Tokyu hochverehrt sein Amt tatsächlich antreten. Auf den ersten Blick im Himalaya eher eine Alltagsgeschichte, doch den Rinpoche begleitete ein deutsches Filmteam, dessen *Dolpo Tulku – Heimkehr in den Himalaya* im Jahr 2010 zu einem preisgekrönten Dokumentarfilm avancierte.

Mittlerweile könnte Dolpo Tulku auch den Beinamen »der Vielreisende« tragen, denn seine Anhänger sind über den ganzen Globus verteilt und dürfen recht regelmäßig mit einem Besuch ihres charismatischen Idols rechnen. Da er sich sonst meist in Kathmandu aufhält, ist es wenig überraschend, dass der heute 39-Jährige auch bei unserem Halt in Tokyu abwesend ist.

So öffnet sein Bruder mir an diesem sonnigen Mittag die schwere Holztür der rot-weiß getünchten Jampa Lakhang Gompa, dem Sitz des Tulku während seiner Aufenthalte in Upper Dolpo. Nach einem kurzen Rundgang durch das von Verfall bedrohte und durch Renovierungsarbeiten aktuell »entstellte«, zweistöckige Heiligtum – das obere Geschoss wurde lange als Küche und Lagerraum benutzt –, bleibe ich noch für einen Moment allein zurück, suche mir einen stillen Platz und genieße die Ruhe und spürbare Kraft an diesem Ort mit seiner ungewöhnlichen Geschichte vom Hirtenjungen zum Heiligen. Vielleicht ist es diese einzigartig kraftvolle Stimmung, die die Güte und Einfühlsamkeit des Dolpo Tulku Rinpoche so sehr hat wachsen lassen, dass er heute weltweit für viele Menschen zu einem hochgeschätzten Ratgeber und Helfer in Krisensituationen geworden ist.

Diese Eindrücke aus seinem Heimatdorf kann ich einige Zeit später direkt mit dem Dolpo Tulku teilen, denn ich treffe ihn in seiner Residenz in Kathmandu. Es ist der ideale Einstieg in ein gefühlvolles Gespräch.

»Ich habe den Eindruck, dass solche stillen Plätze wie in Ihrer Jampa Lakhang Gompa von Tokyu im Leben vieler Menschen immer seltener, aber deshalb wichtiger werden. Sie geben Halt und Geborgenheit in Krisenzeiten. Würden Sie dem zustimmen?«

»Ja, so ist es. Solche Erfahrungen können sehr helfen. Aber um Krisen zu bewältigen, ist es auch überaus wichtig, dass wir unsere Erwartungen bei Veränderungen kontrollieren und realistisch einordnen. Es macht keinen Sinn zu sagen, dass in einer ganz bestimmten Zeitspanne eine Krise bewältigt sein muss.

Ein Beispiel: Auch ich dachte bei der Pandemie zunächst, alles müsse schnell vorbei sein. Dann merkte ich aber, das ist unmöglich. Also änderte ich meine Sichtweise und sagte mir, die Pandemie muss möglichst bald in der Zukunft ein Ende finden. Die Folge: Wenn die Pandemie eines Tages vorbei ist, dann werde ich dies als einen sehr glücklichen Moment empfinden. Bis dahin lebe ich bewusst mit diesem Ausblick auf den glücklichen Moment. Oft sind es nicht Fakten, die auf mich Einfluss haben. Es sind meine zu hohen Erwartungen, die mich blockieren. Aber eine Situation zu akzeptieren, versetzt uns in die Lage unsere Angst zu regulieren.«

»Wie können wir diese positiv ausgerichtete Denkweise im Alltag nutzen?«

»Wir müssen uns einer Situation bewusst stellen. Als ich das während der Pandemie tat, habe ich als nächsten Schritt begonnen, Essensrationen in Kathmandu zu verteilen. Ich musste also in die Öffentlichkeit gehen, obwohl in Nepal der bis dahin schärfste Lockdown galt. Es war kein leichter Schritt für mich, aber ich habe ihn getan und er hat mir eine ungeheure Kraft gegeben. Ich wurde dadurch viel gelassener und in dieser Lage habe ich es geschafft, dass meine Menschlichkeit gewachsen ist. Vorher hatte ich nur Angst. Dies ist ein Modell, welches uns in vielen Lebenssituationen helfen kann.«

»Müssen wir lernen, das Leben mit seinen unterschiedlichen Facetten einfach zu akzeptieren?«

»Ja, und für Deutschland kann ich sagen: gelassener werden – und weniger Pünktlichkeit, bitte! Als ich das erste Mal dort war, wurde ich von der Filmfirma eingeladen. Als wir meinen Zeitplan besprachen, konnte ich es nicht glauben. Für jeden Tag und jeden Ort gab es einen Zeitplan. 7.05 Uhr, 7.25 Uhr, 7.40 Uhr und so weiter – und alles einen Monat im Voraus. Nach einer Woche habe ich mich zum ersten Mal in meinem Leben wie in einem Tunnel gefühlt. In Nepal haben wir den Begriff »ali pachi«. Es bedeutet »später«. Es können zehn Minuten, eine Stunde oder drei Stunden sein.

So ein Begriff ist wichtig. Zu viele Details können einen mentalen Druck erzeugen, der uns blockiert und belastet. Aber inzwischen habe ich gelernt, diese Situation in Deutschland für mein Leben zu akzeptieren. Akzeptieren heißt, mehr Wissen zu haben. Mehr Offenheit. Das ist es, wonach wir streben sollten. Dieses Akzeptieren gibt uns eine Stärke, um besser zu verstehen und Dinge zu überwinden.«

»Was macht den wahren Wert des Lebens aus?«

»Was mich betrifft, sind Buddhas Lehren die Grundlage für mein Leben. Deshalb ist es für mich das Ziel, ein Leben geprägt von Altruismus zu führen, um uneigennützig für andere da zu sein.

Manchmal bin ich sehr krank, ich leide dann wirklich körperlich. Aber draußen vor dem Haus warten viele Menschen, um mich zu sehen oder meinen Segen zu erhalten. Ich muss mich dann überwinden, sie zu treffen. Und es ist gut zu sehen, wie glücklich ich sie damit mache. Diese Freude ist wie eine Medizin oder Energie für mich. Das ist wundervoll. Wir müssen aus unserer Komfortzone herauskommen, in der wir klagen oder leiden. Wir müssen uns altruistisch öffnen, dann wird unser Leben in großartiger Weise bereichert.«

Als ich an diesem Mittag im Tal von Dho sitze, weiß ich natürlich noch nicht, dass mir Dolpo Tulku Rinpoche dies eines Tages in seiner sanften Art erklären würde. Trotzdem nehme ich eine positive Energie aus der Jampa Lakhang Gompa mit, als ich hinaustrete, wo Tsering, Samdup und Dolma bereits auf mich warten. Da uns Dolma am Vorabend erklärt hatte, der Weg hinauf in die Berge Richtung Shey Gompa sei ihr nicht vertraut, heuern wir im Dorf mit Dawa Gurung einen lokalen Führer an, der (natürlich) Tserings Familie kennt. Vielleicht akzeptieren wir deshalb, dass Dawa nicht ganz nüchtern erscheint und schon mit dem Aufsatteln erhebliche Probleme hat. Aber er zeigt schnell sein Geschick als Unterhalter, singt von Zeit zu Zeit, scherzt mit den Mädchen. Während sie den neuesten Klatsch aus den Dörfern austauschen, weitet sich auf einer Anhöhe die Landschaft auf so spektakuläre Art und Weise, dass ich eine Pause vorschlage.

Vor mir erstrecken sich in einem sonnenüberfluteten Tal grüne Wiesen, begrenzt durch schroffe Felsen, die der Landschaft etwas Abgegrenztes, etwas Verborgenes geben. Einheimische nennen das Tal Chuthang Phu und betrachten es als heiliges Gebiet. Nach der Schönheit zu urteilen ist das verständlich, auch mir kommt in diesem Moment in den Sinn, genau so müsse ein Beyul aussehen, der wohl mystischste Bereich im religiösen Kosmos der Dolpo-pa.

Der Name Beyul setzt sich aus den tibetischen Worten »be« (verborgen) und »yul« (Tal) zusammen und geht auf den Gelehrten Guru Rinpoche zurück, der im 9. Jahrhundert 108 Zufluchtsorte benannte – 108 spirituelle Plätze, die einer Art »Paradies« ähneln. Dies können ganze Täler und Berge, aber auch nur Felsen, Seen oder andere kleine Orte sein.

Im gesamten Himalaya, insbesondere aber in Upper Dolpo, gilt das Beyul-Konzept als wichtiger Teil eines hoffnungsvollen religiösen Alltags. Im Westen bekam es dagegen ab 1933 einen eher esoterischen Hauch, geschuldet dem britischen Schriftsteller James Hilton. Sein Roman *Der verlorene Horizont* verkaufte sich millionenfach und suggerierte einer globalen, meist esoterischen Gefolgschaft über Jahrzehnte hinweg, es müsse da einen besonderen Ort der Harmonie und der ewigen Jugend geben. Dabei handelt es sich wohl eher nicht um ein Tal, wo Milch und Honig fließen, sondern – wie es mir der Dolpo Tulku Rinpoche erklärte: »Es ist eine spirituelle Reise, die sich nicht vorher festlegen und planen lässt. Für Menschen ›mit negativem Denkmodell‹ ist ein Beyul nicht

---

Verborgene Schönheit – die erhabene landschaftliche Schönheit des Chuthang-Phu-Tals strahlt Ruhe und Glück aus, genauso wie es auch ein Beyul verspricht.

zugänglich, das Betreten setzt vielmehr eine spirituelle Offenheit voraus und hängt immer von der individuellen Person ab. Auch Fremde können ein Beyul entdecken, gleichwohl kann es sein, dass viele Dolpo-pa die Erfahrung nie machen werden.«

Auf dem Weg hinunter ins nächste Tal entdecken wir an einem schmalen Fluss einen geschützten Platz für unser Nachtlager und hocken wenig später dicht gedrängt zu fünft in einem der beiden Zelte bei Suppe und kaltem Reis zusammen. Ich lausche noch lange den Geschichten und dem Lachen meiner Begleiter. Dann fallen mir die Augen zu: Nach einem langen Tag, an dem wir über zwanzig Kilometer zurückgelegt und uns für einen Moment in einer anderen, vielleicht noch heilen Welt gefühlt haben.

Dawa Gurung verlässt unser Camp in den Bergen bei Morgengrauen. Jetzt gehe der Weg nur noch bergab – eine typische Dolpo-Beschreibung, wobei der Pfad meist nach kurzer Strecke im Nichts verläuft –, lässt er die Mädchen wissen und reitet zurück nach Tokyu. Ich habe keine Zweifel daran, dass ihn auch ein wenig Vorfreude auf einen guten Schluck Chang oder Schnaps antreibt, denn seine Vorräte für unterwegs sind längst aufgebraucht.

Wir ziehen weiter Richtung Norden und sehen spät am Nachmittag dieses erneut langen Wandertages Shey Gompa vor uns. Natürlich regnet es wieder. Auf der Zeltwiese hinter der Shey Sumdo Gompa steht das Wasser knöcheltief. Also frage ich im Wirtschaftshaus des Klosters nach einer Übernachtungsmöglichkeit – und habe Glück. Wenig später rollen wir unsere Schlafsäcke in einer Küche aus und warten auf heißen Yakbuttertee, den unsere launigen Gastgeber mit Freude über die Unterkunft suchenden Fremden zubereiten.

Folgende Doppelseite: Armes Glaubensbekenntnis – Shey Gompa gilt als spirituelles Zentrum Dolpos, wirtschaftlich bringt der Titel den wenigen Bewohnern allerdings kaum etwas.

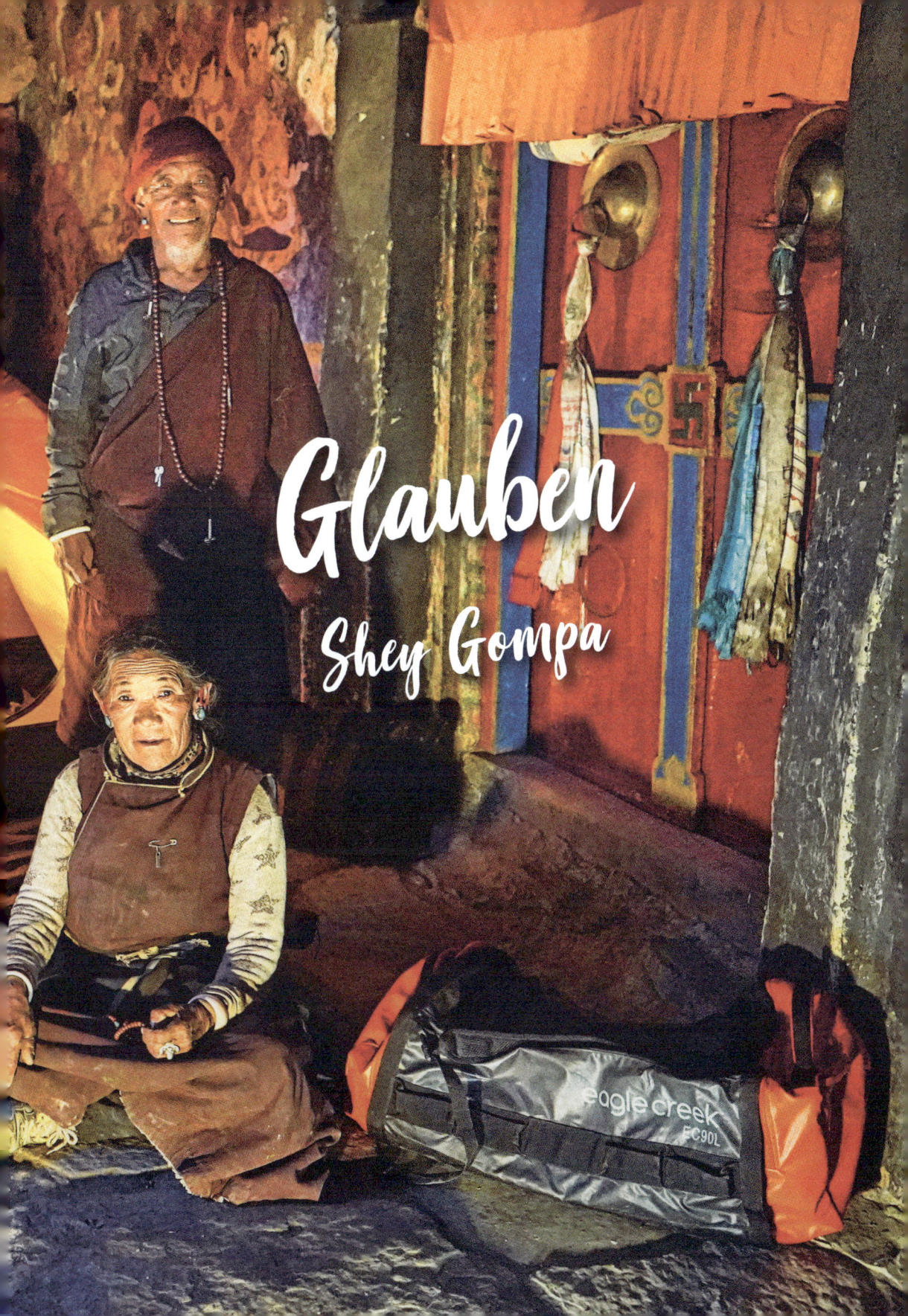

Glauben

Shey Gompa

Wenn Pflicht schwerer wiegt als Trauer

Gegen Mitternacht – ich muss mich auf mein Gefühl verlassen, denn in der Küche, wo wir zu siebt schlafen, ist es stockdunkel – bricht draußen ein Gewitter los. Selbst durch die dicken Mauern des alten Klosteranbaus ist das Prasseln zu hören. Der Regen fällt so heftig, dass es nicht lange dauert, bis sich erste Wassertropfen einen Weg durch Lehm, Geäst und löchrige Plastikplanen über mir bahnen und als ölig-dicker, klebriger Saft heruntertropfen.

Ekel steigt in mir hoch, als ich mit meiner Stirnlampe die Lage beleuchte. Es handelt sich offenbar um das gelbe Extrakt jahrelanger Kochkünste unter Verwendung von reichlich Öl und Yakbutter, welches nun aus der Decke geradezu den Weg auf meinen Schlafplatz findet. Die Hausherrin (und somit auch Köchin) erwacht vom Lichtschein, reagiert gelassen und pragmatisch, indem sie eine weitere Plastikplane – sie ist dem Geruch nach sicher etliche Jahre auf einer Sommerweide zum Einsatz gekommen –, über mich deckt. Ich kann ihre Zufriedenheit für diese Lösung kurz sehen, jedoch nicht teilen. »Die gelbe Gefahr« scheint gebannt, aber Schlaf finde ich noch lange nicht. Bei jedem Atemzug habe ich das Gefühl, neben einem Yak zu nächtigen. Diese Nacht kann kein Ende finden, denn diese Nacht hatte für mich keinen Anfang. Es ist einfach nur eine ernüchternde Wachzeit in einer undurchdringlichen Dunkelheit.

Zu meiner Zufriedenheit kommt schon im Halbdunkel des Tagesanbruchs Leben in die Küche, die zugleich als Wohn-, Kinder- und Gästezimmer fungiert. Aus einem Nebenraum, den ich am Abend zuvor als Getreidelager eher abschätzig betrachtet habe, tritt ein Mönch ins Morgengrauen und lacht. Für diese verblüffend positive Stimmung gibt es nur eine Erklärung: Er hat offensichtlich keine Plastikplane benötigt. Wie sich schon wenige Minuten später zeigt, liege ich mit meiner Vermutung richtig: Mein Nachbar aus

---

Zwischen Pein und Pflicht – Schicksalsschläge haben das Leben von Ngodup Dolma schwer gezeichnet, doch Hoffnung auf bessere Zeiten gibt es in Shey Gompa kaum.

der Getreidekammer ist trocken durch die Nacht gekommen, doch seine gute Laune hat einen spirituellen Grund.

Tsering Tashi, sein Englisch verrät die südindische Herkunft, ist vor Wochen vom Kloster Namdroling in Mysore aufgebrochen, um erstmals seit vielen Jahren aus seiner neuen »geistlichen Heimat« in die alte Heimat zu reisen, nach Namdo in Upper Dolpo. Familie, so räumt er ein, werde er dort nicht mehr antreffen. »Doch ich hoffe, dem einen oder anderen meiner großen Lehrer zu begegnen. Das ist wichtiger.«

Einen langen Tagesmarsch vor seinem Ziel beginnt schon heute der wichtigste Tag seiner Reise. Und so erklärt sich seine Ausgelassenheit eigentlich von selbst: »Ich beginne die Kora um den Kristallberg. Für uns Dolpo-pa gibt es nichts spirituell Wichtigeres«, sagt der knapp 30-Jährige in die morgendliche Runde, sodass mir unter meiner Plastikplane gleich noch wärmer wird.

Shey Gompa gilt seit Jahrhunderten beiden vorherrschenden religiösen Strömungen in Upper Dolpo als spirituelles Kraftzentrum –

Versteckt an einer Felswand – Tsakhang Gompa oberhalb von Shey Gompa

den tibetischen Buddhisten ebenso wie den Bön-Anhängern. Zu verdanken hat der Ort diesen Status einer (möglicherweise historisch belegten) »Legende«, die von beiden Religionen mit nur kleinen Nuancen geteilt wird. Vereinfacht berichtet: Für die einen unterwarf ein religiöser buddhistischer Meister die lokalen Dämonen mit Hilfe eines Schneelöwen (gemeint ist wohl ein Schneeleopard); für die anderen galt der Dank einem Drachen (Bön), weshalb sie – ins Englische übersetzt – den Berg noch heute mit vollem Namen »Crystal Mountain Dragon-Roar«, also »Kristallberg im Drachengebrüll«, nennen. In der verrußten Küche verlieren derartige Details ihre Bedeutung, denn mit Sicherheit gilt: Die Kora rund um den Kristallberg kommt in seiner Bedeutung der wohl berühmtesten Kora gleich, die um den heiligen Mount Kailash in Tibet führt. Schließlich gilt der Kristallberg, der gleich hinter unserer Herberge in den grauen Wolkenhimmel ansteigt, als »kleiner Kailash-Bruder« und als Wohnsitz der Gottheit Cakrasamvara, woraus sich seine besondere Kraft ableitet. Ein Dolpo-pa-Leben ohne Kristallberg-Kora? Unvorstellbar!

Heilige Hänge – der Blick über die Tsakhang Gompa Richtung Kristallberg

65

Tsering Tashi schiebt den speckigen Vorhang an der Küchentür beiseite, steigt die abgetretene Holzleiter hinunter und verschwindet auf seinem Weg ins Glück: 23 Kilometer, gut zehn Stunden sowie möglichst viele Gebete und Rituale liegen vor ihm.

Ich schlage nach weiteren Tassen Po-Cha, Yakbuttertee, den die Hausherrin lautstark anpreist und wie am Vortag noch traditionell in einem alten Holzzuber per Hand stampft, eine andere Richtung ein: Gut zwei Stunden soll der Aufstieg zur Tsakhang Gompa dauern.

Die Frage »Wer hat den Schlüssel?« ist häufig mit Enttäuschung verbunden, aber sie ist im einsamen Upper Dolpo immer von besonderer Bedeutung, denn die meisten Stätten liegen unberührt in unbewohnter Einsamkeit. Und häufig befindet sich der Schlüssel im Gewahrsam eines Lamas, der wochenlang auf Wanderschaft unterwegs sein kann.

In Shey können wir die Frage schnell klären: Lama Karma Tsundue trägt die Verantwortung für Tsakhang, doch wollen seine Beine den beschwerlichen Aufstieg nicht mehr meistern. Nach einiger Überredung erklärt sich Ngodup Dolma, seine Stieftochter, zum Mitkommen bereit.

Ein schlammig aufgeweichter Trail führt von Shey sanft einen Berghang hinauf. Ngodups Schritte sind von bleierner Schwere. Und offensichtlich liegt es nicht an ihren ausgetretenen, einst rosafarbenen »Crocs«, in die Wasser und Schlamm laufen. Jeder Schritt der Gompa entgegen erscheint für die junge Frau eine Qual zu sein.

Wir sprechen nur das Nötigste. Die Wolken hängen müde und tief in den engen Tälern, auch ihnen scheint die Kraft zum Aufstieg abhandengekommen zu sein. Es herrscht eine bedrückende Atmosphäre, die erahnen lässt: Wir bewegen uns auf tragischem Terrain. An einer scharfen Wegbiegung, ein halb verfallener Chörten aus Lehm markiert die Richtungsänderung, machen wir Rast, auf der gegenüberliegenden Seite ragt, zum ersten Mal in Sichtweite, das Tsakhang-Kloster an einer steilen Felswand empor.

»Dort«, Ngodup hebt mühsam den rechten Arm. Ihre verschmutzte rote Daunenjacke hängt, speckig von der Küchenarbeit und nass vom Dauerregen, so schwer herab, dass ich ihre

---

Täuschende Atmosphäre – Kunstdiebe haben viele heilige Reliquien aus der Tsakhang Gompa entwendet. Für die Decke der Chicago Bulls gab es kein Interesse.

Anstrengung förmlich spüren kann. Dieses eine Wort, bei dem sie in westliche Richtung zum Kristallberg zeigt, wo sich an einem Seitenhang ein Rinnsal seinen Weg Richtung Tal sucht, sagt mehr als ein langer Satz. Vom »Dort« führt ein ausgetretener Pfad Richtung Tsakhang. Dazwischen liegen nicht einmal zweihundert Meter. Aber im »Dort« hat die stille Melancholie dieses grauen Morgens offensichtlich ihren Ursprung.

»Wenn es oben in den Bergen schneit, so wie heute, dann ist es besonders schlimm«, Ngodups Worte finden nur mühsam einen Weg durch den Schal vor ihrem Gesicht.

Die Mauern der Tsakhang Gompa stehen vermutlich seit dem 17. Jahrhundert. Doch das »Dort« gibt es erst seit zwei Jahren. Damals, Mitte März, lag noch dicker Schnee an den Hängen und kaum ein Pfad war zu finden, als vier Männer aus Shey beschlossen, zu einer Kora aufzubrechen. Schließlich steht dafür eine segenbringende Belohnung in Aussicht: Wer zuletzt im Herbst oder zuerst im Frühling die Kora bewältigt, erhält den »Wert« von dreizehn »normalen« sommerlichen Umrundungen des Berges auf seinem »spirituellen Konto« gutgeschrieben, was das Karma mächtig aufpolieren kann. Es galt also, früh dran zu sein, auch wenn allen in Shey klar war, dass es sich wie jedes Jahr um ein gefährliches Abenteuer handelte.

Am späten Nachmittag – die Gruppe kommt bisher gut voran, doch die winterliche Sonne hatte sich längst hinter den Bergen verzogen –, wagen sie sich an das letzte Teilstück, den Abstieg Richtung Tsakhang. Von dort wäre es nur noch eine altbekannte, leichte Route ins Dorf. Bei einer kurzen Pause entdecken die Männer Spuren von Schneeleoparden und Blauschafen im Schnee. Schnell ist man sich einig: Unten am Hang zum Sumdho-Fluss müssten die toten Schafe liegen, denn Schneeleoparden reißen ihre Beute, aber nähern sich Menschen, lassen sie das tote Tier liegen.

Drei der vier Männer entscheiden sich für die Suche und damit für den Abstieg in unbekanntes Terrain, nur Tenzin Choegyal bleibt allein zurück. Der Haupt-Lama des Shey-Sumdho-Klosters hat kein Interesse an den toten Tieren. Er ist Vegetarier. Kurz nachdem die Männer die Spurensuche aufgenommen haben und im Grau des Nachmittags verschwunden sind, löst sich eine Lawine und donnert durch das enge Tal. Dann kehrt Stille ein. Dunkelheit liegt längst über der winterlich-einsamen Landschaft, doch in Shey wartet Ngodup vergebens auf das vertraute Geräusch von zurückkehrenden Schritten im überfrorenen Schnee.

Als ein Hund Stunden später vor einem der fünf Häuser anschlägt, ist es das Zeichen, dass Tenzin Choegyal kraftlos sein Dorf erreicht, das er am Morgen mit drei Freunden verließ. Doch er kehrt allein zurück.

Seine drei Freunde werden erst eine Woche später am Berg gefunden – tot, unter Schnee begraben. Einer von ihnen ist Phurba Thinley, der junge Ehemann von Ngodup Dolma, unserer Begleiterin, und Vater ihrer Kinder.

Es ist Tenzin Choegyal, als »Ragyapa« mit den strengen Riten der Leichenzerteilung vertraut, der im durch hohen Schnee von der Außenwelt isolierten Shey die rituelle Himmelsbestattung für die drei toten Freunde zelebriert. Dabei werden die von der Seele verlassenen Körper an einem ausgewählten, heiligen Ort in Stücke zerlegt. Es sind die bereits wartenden Geier, oftmals durch Opferrauch angelockt, die das Fleisch ins Bardo, in eine Art Zwischenwelt, befördern. Eine im tibetischen Glauben weit verbreitete Vorstellung und zugleich eine Tradition, die vor allem im Winter ganz pragmatische Gründe hat: Es gibt kaum Holz für Verbrennungen und für eine Erdbestattung ist der Boden wochenlang zu hart gefroren.

»Warum gehst du trotzdem noch hinauf zum Kloster?«, frage ich Ngodup, während wir vom Chörten Richtung Felswand blicken.

»Ich muss es tun. Für meinen Stiefvater. Es ist meine Pflicht und sie ist wichtiger als meine Trauer.«

»Bist du ganz allein mit deiner Trauer?«

»Ich habe eine Tochter, aber sie besucht die Schule in Kathmandu.«

»Vermisst du sie?«

»Sehr. Darum gehe ich einmal im Monat nach Saldang oder nach Bhijer. Das sind zehn Stunden Fußmarsch, aber nur dort gibt es ein Telefon. Dann sprechen wir, vielleicht zwanzig Minuten. Eigentlich ist es kein Sprechen, weil meine Tochter nur weint. Aber der Anruf beruhigt mich, zumindest für eine kurze Zeit.«

»Kommt sie irgendwann zurück?«

»Sie ist jetzt fünfzehn. Und in zwei Jahren kommt sie zurück. Ich bin ganz sicher.«

Schweigend gehen wir in einem weiten Bogen den letzten Abschnitt zum Tsakhang-Kloster; wir passieren die heilige Quelle, aus der kein Wasser rinnt, und das weiß getünchte, leerstehende Wohnhaus. Ngodup holt den Schlüssel aus ihrem Rucksack, öffnet die schwere, knarrende Holztür, steigt im dunklen Inneren über mehrere Stiegen Richtung Küche, findet dort unter einer Bank in einem Stofflappen einen weiteren Schlüssel und öffnet den Zugang zur engen Kapelle, an dessen linker Seite eine Decke mit dem Logo der »Chicago Bulls« uns überrascht. Ansonsten ist der Anblick des Raums überschaubar traditionell. Was wohl auch, so wusste ich, dem 24. November 2016 geschuldet ist: Damals fiel Tsakhang, ebenso wie viele andere religiöse Stätten in der Region zuvor, Kunsträubern in die Hände. Die Eindringlinge bedrohten Tenzin Choegyal mit Waffengewalt, stahlen die meisten der wertvollen Statuen und verkauften sie später in Kathmandu; die Täter wurden nie gefunden. Mit Mühe entzünden wir drei Opferlampen, auch in der Küche schaffen wir es erst nach etlichen Versuchen, ein Feuer für Teewasser zu entfachen. Überall tropft Nässe von der Decke.

Es gibt für uns keinen Grund, länger als eine Stunde in der Kälte des Klosters auf 4434 Metern Höhe auszuhalten. Den Rückweg treten wir mit der gleichen Stille an, die uns schon beim Aufstieg umgab. Wir hören unsere Schritte im Matsch, wir lauschen dem Regen. Zu sagen gibt es nichts.

Am Abend lädt uns Lama Karma Tsundue zum Essen ein. Kartoffeln und heißes Wasser werden gereicht. Wir sitzen um den Ofen. Wir lauschen seinen Geschichten aus alten, besseren Zeiten, in denen Tsakhang seinem Namen als religiöses Zentrum von Upper Dolpo noch alle Ehre machte – und hören vor allem seine Klagen über eine ungewisse Gegenwart. Auf die Zukunft will er gar nicht erst zu sprechen kommen.

»Ich muss mit dem Fünften Shey Tulku sprechen. Er hat mich einst hierher entsandt. Er trägt für Tsakhang die Verantwortung. So kann es nicht weitergehen. Die Lawine hat mir drei Männer genommen, die unersetzlich waren. Im Winter haben sie den Pfad bis ganz hinauf freigehalten und das ganze Jahr über für Sicherheit gesorgt. Shey ist einer der wichtigsten Orte in Upper Dolpo, aber es ist zugleich auch einer der schwierigsten Orte. Hier haben wir nichts, gar nichts zum würdigen Leben.«

»Gibt es keine Hilfe?«, möchte ich wissen.

»Geld und Geschäfte werden drüben in Dho Tarap gemacht. Wir geben immer, die Leute nehmen –, aber es kommt nichts zurück. Seit dreißig Jahren kümmere ich mich um Tsakhang. Von der Regierung habe ich noch nie eine Rupie erhalten. Wenn Ngodup Dolma nicht wäre, ich wüsste nicht, wie es weitergehen sollte mit dem Kloster und mit uns.«

Ngodup Dolma, die Frau mit dem Schlüssel und dem schweren Schicksalsschlag, steht in der Küche – und lächelt das erste Mal

an diesen langen, trüben Tag in der Einsamkeit von Shey Gompa. Sie genießt offensichtlich die Wärme der Worte. Draußen regnet es noch immer. Und Tsering Tashi müsste längst zurück sein.

∗ ∗ ∗

Im folgenden Winter sollten Lama Karma Tsundue die Kräfte verlassen und der bereits Jahre zuvor einmal am Herzen operierte Lama kann sich nur noch unter großen Schmerzen bewegen. Endlich bringt ein Gespräch mit dem Fünften Shey Tulku Klarheit: Der Lama verlässt Shey Gompa aus gesundheitlichen Gründen, er wird Monate nach unserem Besuch per Helikopter in ein Krankenhaus nach Kathmandu geflogen. Kurze Zeit später verstirbt seine Frau in Shey Gompa. Allein zurück bleibt Ngodup Dolma, die noch immer auf ihre Tochter wartet.

Mittendrin – Häuser bieten in Upper Dolpo immer mehreren Generationen Platz. Kinderzimmer gibt es nicht – zufriedenen Nachwuchs trotzdem reichlich, wie hier in Shey Gompa.

Achtsamkeit

Shey Gompa

Unbeschwerter Weg zum Glück

Tsering Tashi entschuldigt sich. »Ich kann dir keine Einzelheiten über meine Kora um den Kristallberg erzählen. Es ist eine ganz persönliche, private Erfahrung, die ich mit niemandem teile. Aber ich zeige dir etwas.« Er holt einen weißen Plastiksack hervor, öffnet ihn, greift mit beiden Händen hinein und lässt eine Mischung aus Ästen, Zweigen, Wurzeln und Blättern andächtig durch die Finger gleiten. Dabei schlägt mir ein einzigartig würziger Duft entgegen – und was ich rieche, lässt mich zu dem Schluss kommen: Mutter Natur zeigt sich oben am Berg von ihrer besten Seite.

»An besonderen Plätzen habe ich gestern Shukpa gesammelt. Getrocknet und zermahlen nennen wir es Saha und verwenden das Pulver für unsere Zeremonien. Der Rauch hat eine besonders reinigende, positive Wirkung. Die Sang-Feuer brennen morgens vor vielen Häusern in jedem Dorf und bei fast allen Pujas. Für uns beginnt so ein guter Tag.«

Im Idealfall, so weiß ich, soll das Pulver, wie viele Dinge in der tibetischen Überzeugung, aus 108 »Zutaten« bestehen, doch Tashi entgegnet: »Saha vom Kristallberg ist von allerhöchster Qualität. Es gibt nichts Besseres.« Das Leuchten seiner Augen ist Beleg genug für diesen Superlativ. »Wo immer ich in den nächsten Tagen hingehe, wird es ein ganz besonderes Willkommensgeschenk sein.«

Die zweite Nacht in Shey Gompa überstehe ich ohne gelben Ekel aus der Küchendecke, der Regen verzieht sich gegen Mitternacht. Ich schlafe fast durch. Mönch Tashi hat sich noch am Abend entschlossen, gemeinsam mit uns den Weg nach Bhijer zu gehen. Eine gute Nachricht, denn dieser positive, lebensbejahende Mönch ist ein idealer Wegbegleiter.

Hort der Achtsamkeit – das Strahlen des Tsering Tashi
an einem kalten Morgen

Nun sind wir zum Aufbruch bereit, das Gepäck ist fest vertäut auf unseren Pferden, die Dolma erst wieder weit entfernt auf einer Weide am Hang suchen musste. Der Abschied aus Shey Gompa verzögert sich jedoch. Es gibt Probleme mit unseren »Gastgebern« Pasang Lhamu und Pema Tsewang. Da aktuell das religiöse Leben im Shey-Sumdho-Kloster ohne Mönch und Lama auskommen muss, fällt den beiden Alten die Aufgabe zu, den massiven Bau aus dem Ende des 17. Jahrhunderts zumindest im weltlichen Sinne am Laufen zu halten. Wie üblich überträgt man ihnen diese Aufgabe für drei Jahre. Gut die Hälfte ihres Dienstes liegt hinter ihnen. Anscheinend genug Zeit, nicht nur spirituell ihren Job zu erledigen, sondern auch materiell eine Möglichkeit zu finden, um fürs Alter besser vorzusorgen.

Wie sich schnell und ohne große Übersetzung herausstellt, haben beide eine erheblich andere Ansicht als wir über die Bezahlung unserer beiden letzten Nächte sowie die – zugegebenermaßen nicht gerade geringe – Anzahl von Bechern mit Yakbuttertee, mit dem Kälte, Regen und Trübsinn besser zu ertragen waren.

Der Ursprung für dieses »monetäre« Denken von Pasang und Pema ist möglicherweise eine Begebenheit aus der Vergangenheit, genauer gesagt aus dem Jahr 1997: Der Franzose Éric Valli, ein exzellenter Himalaya- und Nepalkenner, drehte damals mit *Himalaya – Die Kindheit eines Karawanenführers* einen Spielfilm. Seinen Erfolg, unter anderem eine Oscar-Nominierung in der Kategorie »Bester Fremdsprachiger Film«, verdankte das Werk nicht nur seinen großartigen Landschaftsaufnahmen, sondern auch der Tatsache, dass alle Schauspieler lokale Laiendarsteller waren. Hauptdarsteller Thinle Lhondup brachte es gar zu globaler Bekanntheit. Selbst sein Tod, tragisch, aber im Sinne der Dolpo-pa kaum schöner zu »inszenieren«, machte Schlagzeilen: Thinle stürzte auf dem Trail zwischen Phoksundo Lake und Dunai in eine tiefe Schlucht – auf dem Rücken seines Lieblingspferdes.

So sehr der Film Upper Dolpo erstmals ins weltweite Rampenlicht rückte, so stark hinterließ er Spuren unter den Einheimischen, wie sich auch an diesem Morgen an Gastgeber Pema zeigt, der ebenfalls als »Schauspieler« im Himalaya-Epos debütierte. Das Motto: Fremde sind zum Zahlen da – ob mit oder ohne Filmkamera. Es obliegt meiner Begleiterin Tsering, die Alten zur Einsicht und zum Verzicht zu überreden.

Endlich, aber viel zu spät, einigen wir uns auf ein stattliches Entgelt, bei dem allerdings auch das Futter für unsere Pferde inkludiert

ist. Als ich mich vom Weg aus Shey Gompa nochmals umschaue, sehe ich letztlich die strahlenden Gesichter unserer Gastgeber.

Langes Nachdenken über den Vorfall verbietet sich, denn wenig später steigt der Trail steil in die Berge an. Schon nach einer halben Stunde verschwinden wir in den heute noch tiefer festsitzenden Wolken.

Wir hängen unseren Gedanken nach. Ein jeder in seiner eigenen Welt. In meiner bleiben leider Pasang und Pema für einige Zeit.

Tsering Tashi läuft etwas voraus, setzt dann aber, so kann ich in der Ferne erkennen, seinen Rucksack an einem Gebirgsbach ab. Er wirft sich die rote Robe über die Schulter, krempelt die Ärmel seines gelben T-Shirts hoch, kniet sich ans Wasser und beginnt seine Morgenwäsche. »Das Wasser ist herrlich kalt«, ruft er, als ich neben ihm stehe. Kein Wunder, mein Höhenmesser zeigt 4691 Meter. Immer wieder lässt er Wasser in seine Hände rinnen, wäscht sich Gesicht und Kopf. Der Regen geht allmählich in Schnee über, es ist ungemütlich –, aber der Mönch strahlt.

Duftendes Kraut – so sieht das perfekte, kraftvollste Shukpa aus, gesammelt am heiligen Kristallberg.

»Viele werden denken, es sei hart, die Kora um den Kristallberg anzugehen, mit all seinen Höhen und all seinen Tiefen«, bricht es aus Tsering Tashi plötzlich hervor, »aber wenn du an einem so heiligen Ort sein darfst, dann vergisst du Beschwerlichkeit und Anstrengung. Stattdessen beginnst du deine innere Stärke zu spüren. Manche Leute streben nach immer mehr Geld, schauen eifersüchtig auf Nachbarn und fragen sich: Wie viel hat der oder jener und wie viel habe ich selbst? Das ist der falsche Weg, denn dieser Reichtum hat keine Bedeutung. Für mich zählen die gute Absicht und ein gutes Karma.«

Ich spüre und versuche zu verstehen: Tsering Tashi erlebt diese Momente des Glücks ganz unbefangen, er ist eins mit seiner Umgebung. Nichts kann ihn in seinem Zustand völliger Zufriedenheit bedrängen. Er reist nicht nur ohne Gepäck, er reist zudem ohne jegliche Belastung seiner Seele. Während ich nach vorne schaue und einen neuerlich schweren Anstieg vor mir sehe, nimmt Tsering Tashi in seiner positiven Blase nur die unmittelbare Umgebung wahr. Ich rechne oft in Minuten voraus, wie lang es wohl auf

Der beste Freund – Dolma Gurung mit ihrem Pferd
auf dem Heimweg nach Bhijer im vertrauten Gleichschritt

den nächsten Hügel dauern wird, er genießt das Hier und Jetzt. Ich bin enttäuscht, wenn es doch länger dauert. Er weiß, er wird ankommen – wann (und wie) ist für ihn eine Nebensächlichkeit. Er reist ganz offensichtlich mit einer Leichtigkeit, die eine besondere Freude und Dankbarkeit am Unterwegssein in ihm erzeugt.

Das muss sie sein, denke ich: die im Westen plötzlich viel beachtete *mindfulness*. Diese Achtsamkeit, im Tibetischen mit dem Begriff *drenshey* beschrieben – zusammengesetzt aus den Worten »dren« für »achtsam« und »shey« für »wahrnehmen« –, bezieht sich nur auf den Moment und lässt, unbeeinflusst von Erfahrungen, Gedanken und Urteilen aus der Vergangenheit oder der Zukunft, nur wertneutral gegenwärtige Wahrnehmungen zu. Am Ziel eines in dieser Hinsicht »wahren« Reisenden bin ich längst noch nicht angekommen. Aber ich freue mich, denn mit dem Mönch Tsering Tashi habe ich einen Weggefährten, von dem ich sicher sagen kann: Er ist ganz, ganz nah am perfekten *mindful traveller*, dem achtsamen Reisenden. Und ich spüre großes Gefallen an dieser Idee, auch wenn ich mich noch als »Achtsamkeits-Anfänger« fühle.

Erfüllt von diesem neuen Bewusstsein, fallen auch mir die Schritte leichter, was an diesem Tag mehr als hilfreich ist: In den nächsten sieben Stunden wandern wir ohne Unterbrechung auf einer Höhe von über 4500 Metern.

»Du hast fünf verschiedene Säckchen Shukpa dabei. Aber was hast du als persönlichen Besitz in deinem Gepäck?«, möchte ich an einer Wegbiegung vom so achtsamen Mönch wissen. Vielleicht hoffe ich auch nur, dass er irgendetwas weniger »Achtsames« in seinem Gepäck hat.

Ich werde enttäuscht – natürlich.

»Zahnbürste und Zahnpasta habe ich vor einigen Tagen irgendwo vergessen. Jetzt habe ich noch eine Matte zum Schlafen und ein Stück köstlich riechende Seife, du hast sie mir vor zwei Tagen geschenkt«, kommt zur Antwort. Wir lachen laut. Und setzen kurz darauf unsere Wanderung fort, denn Tsering und ihre Schwester trotten mit den Pferden schon weit voraus.

Die Luft ist dünn, aber klar nach den tagelangen Regenfällen. In der Ferne lassen sich nun wieder die Berge von Tibet deutlich erkennen. Wir begegnen niemandem, durchqueren weder Dörfer noch für den Sommer errichtete Camps auf einer der vielen grünen Almen. Wir sind allein in der scheinbar unendlich weiten Landschaft. Und wir spüren Hunger.

Gegen Mittag, die Pferde brauchen dringend eine Pause, legen wir uns auf das grüne Gras einer Hochalm, essen Chapati, das überall beliebte und leicht zu transportierende Fladenbrot, in das wir Kartoffeln wickeln. Die beiden jungen Mädchen schlafen noch während des Essens vor Erschöpfung ein. Ich denke an die letzten gut achtundvierzig Stunden: Seit Tashi nun mit uns wandert, ist Ruhe in unser Abenteuer eingekehrt. Wir bewegen uns im gleichen Tempo, und doch scheint mich seine Zuversicht und Gelassenheit zu beflügeln.

Auf der Yaekyong-La-Passhöhe legen wir eine erneute Pause ein – und schreien vor Begeisterung: Zum ersten Mal blicken wir hinüber zur Bergkette, hinter der Bhijer liegt. Tsering breitet ihre Arme aus und ruft aus tiefster Seele: »My homeland!«, während Tsering Tashi sich schnell für seine eigenen Glücksgefühle entschuldigt: »Es gehört sich nicht für einen Mönch, sich so zu begeistern.« Wir lachen noch mehr.

Am späten Nachmittag tauchen die wenigen Steinhütten von Tyerok, der Sommerweide des Dorfes Tata, auf. Das Vorankommen wird schwieriger. Es sind nicht die Anstiege und die Höhe, es sind Begegnungen, die uns »aufhalten«.

Ein Bäuerin namens Sumchok Gurung sitzt mit einer riesigen Gebetsmühle vor einem der windschiefen Gebäude. »Ich habe Tsering das letzte Mal als kleines Kind gesehen. Und jetzt ist sie zurück. Was für ein Glück!«, freut sie sich. Seit Jahrzehnten verbringt sie den Sommer hier oberhalb des Dorfes, auch wenn alle Familienmitglieder gemeinsam auf einer alten Matratze schlafen müssen, die direkt auf dem feuchten Lehmboden liegt. Die Dunkelheit des Hütteninneren, natürlich hat Tyerok keinen Strom, gibt Tsering die Chance, sich umzuziehen.

»Es ist nur noch eine knappe Stunde bis nach Hause. Ich bin eine Dolpo-pa und deshalb folge ich der Tradition. Also trage ich die Chupa, wie es schon viele Generationen vor uns getan haben. Meine Eltern erwarten, dass ich unsere Tracht achte.«

Nach einer Tasse Tee mit zwei Schulfreundinnen machen wir uns auf. Oberhalb am Berghang ziehen Yaks nach Westen, während wir uns über die weite Sommerweide dem letzten Anstieg nähern.

Ich erinnere mich an den Wegweiser in Chepka, wir hatten erst zwei Stunden zuvor den kleinen Flugplatz von Juphal verlassen: »Bhijer – 38 Stunden« hatte auf dem blauen Schild gestanden. Es las sich wie eine Herausforderung der besonders harten Art. Jetzt erreichen wir den Bergsattel hinter Tyerok, den die Einheimischen

Ta Gyuksa nennen, den »Platz, an dem die Pferde laufen«, eine kleine Ebene, von der aus Bhijer im Abendlicht, die uralten Steinhäuser umgeben von grünen Feldern, als friedliches Bild wie aus einer anderen Zeit zum Greifen nahe vor uns liegt. Unser Ziel ist in Sicht: Statt der 38 Stunden haben wir elf Tage benötigt.

Tsering stehen Tränen in den Augen. Nach fast zehn Jahren wird sie ihre Familie erstmals wiedersehen. Sie läuft auf einem schmalen Pfad den Hang hinunter. Ihre Chupa weht im Wind, genau wie der Schweif ihres Lieblingspferdes Ta Doenmar.

Für diesen Moment, für dieses Bild hätte sich jeder noch so lange Weg gelohnt.

Viel Zeit – Weben der traditionellen Stoffe gehört
auf der Alm Tyerok zum Sommeralltag.

Traditionen

Bhijer

Übernatürlichen Kräften vertrauen

Karma Tsering öffnet vorsichtig die Tür. Seiner Frau Nachok geht es seit Tagen schlecht. Hoffentlich wird sie weiterschlafen, es ist erst 5.30 Uhr.

Auf dem Dach seines Hauses weht ihm ein Hauch von Sommer entgegen. Seine Haut spürt die Milde der Luft. Dass der Sommer nun endlich zurückkommen würde, wusste er schon längst. Der Schneider, den alle im Dorf nur Kartse nennen, vertraut seinem Lotho.

Behutsam beginnt die gläubige Routine eines neuen Tages: frisches Wasser für die silbernen Opferschalen, fünf Chak, die traditionellen Niederwerfungen vor dem mit Thankas geschmückten Hausaltar. Am Ende seiner kurzen Puja schließt er leise die Tür, steigt die alte Holzleiter hinunter, wirft einen flüchtigen Blick in die Küche, geht am leeren Stall vorbei und harrt einen Augenblick auf dem schmalen Pfad vor dem alten Steinhaus aus. Im Dorf herrscht noch Stille, nur das Rauschen des Flusses, gespeist vom Wasser des heiligen Bergs Mukporong, und das Kreisen seiner Gebetsmühle sind zu hören.

Kartse macht sich auf den Weg. Zwei Kora-Umrundungen, dafür ist genügend Zeit.

Dankbarkeit gegenüber seinen Eltern, Frieden und Glück auf der Erde, ein Leben ohne Leid – es sind diese Gedanken, die ihn jetzt leiten. Mit jedem Schritt findet er tieferen Frieden. Nach einer knappen Stunde steht er wieder vor seinem Zuhause. Der Tag kann beginnen, am besten mit Tsampa und Yakbuttertee.

Gegen Mittag geht Kartse hinüber zu seinem Nachbarn Karma Dhondup Gurung, mehr als nur ein Freund ist er und vielleicht auch ein noch besserer Schneider. Sie reden, nein, nicht über Gott und Welt, warum auch: Sie beten doch den ganzen Tag, neben Nadeln und Scheren liegen griffbereit ihre Gebetsmühlen. Und

---

Der Heimat zutiefst verbunden – Tsering Sumjok in traditioneller Tracht, der Chupa, die eine filigrane Brosche, Dekra, zusammenhält

die Welt hört für sie bereits hinter der nächsten Bergkette auf. Sie reden über ihre Arbeit. Und natürlich erzählt Kartse noch, dass er am Morgen den weisen Tsewang Lhundop Gurung um eine Mo-Weissagung gebeten habe. Tsewang bestimmt mit seiner Thaenga, der rosenkranzähnlichen Mala-Kette, die Zukunft, am besten am frühen Morgen, weil dann Geist und Luft noch klar sind.

»Es kam eine gerade Zahl heraus. Ich kann also beruhigt sein, alles wird bald gut«, freut sich Kartse, in dessen 62 Lebensjahren Mo-Weissagungen immer eine große Hilfe waren. Eine ungerade Zahl, er wusste es, hätte seine Geduld nur noch auf eine längere Probe gestellt.

Als die Sonne ihren Zenit längst überschritten hat, ist es an der Zeit, sich wieder auf den Weg zu machen zu seinem Platz am Berghang, wo der Pfad vom Sommercamp in Tyerok endet. Obwohl seine Augen längst nicht mehr so deutlich wie früher den Alltag wahrnehmen, richtet sich sein Blick auf den Bergsattel Ta Gyuksa, den »Platz, an dem die Pferde laufen«. Dann beginnt erneut das Warten.

Kartse lässt die Kugeln seiner Thaenga durch die Finger gleiten, murmelt Mantras. Die Zeit vergeht in Stille. Er wird sich noch eine halbe Stunde des Wartens erlauben, dann wird er wieder nach Hause gehen. Morgen ist ein neuer Tag, der neue Hoffnung bringen wird. Das Mo hat es so versprochen.

Doch plötzlich stockt seine Gebetsstimme, halten seine Finger inne. Er muss kein zweites Mal hinauf Richtung Hang schauen. Er weiß auf den ersten Blick: Ta Doenmar! Der Schimmel quert den Bergsattel. Kein Zweifel. Und im nächsten Moment löst sich die Sehnsucht seines tagelangen Wartens, erfassen ihn Dankbarkeit und Freude: Seine Tochter Tsering Sumjok führt ihren Schimmel an der kurzen Leine den Hang hinunter. Seine Tochter, die er so viele Jahre nicht gesehen hat, auf die er jetzt schon so viele Tage vergeblich wartet, steht endlich oben auf dem Bergsattel.

Bhijer liegt im goldenen Licht eines sommerlichen Nachmittags. Samdup und ich bleiben zurück. Wir lassen Tsering mit ihrem Schimmel vorausgehen. Plötzlich nähert sich unten vom Fluss her ein Mann mit schnellen Schritten. Tsering dreht sich noch einmal zu uns um, schreit »Ngaye Aaki, Ngaye Aaki – mein Vater, mein Vater!« und beginnt zu laufen. Kurze Zeit später sehe ich, wie Vater und Tochter sich respektvoll willkommen heißen. Es ist Glück, Euphorie ist es nicht, Upper Dolpo kennt kein »Sich-in-die-Arme-fallen«. Ich habe mein Versprechen gehalten. Wir sind tatsächlich in Bhijer, dem Ziel dieser Reise.

Der kurze Weg durch das Dorf, die schmalen Pfade gesäumt von verwitterten Steinhäusern, jeder Schritt führt nach Hause. Vor dem Elternhaus wartet Mutter Nachok, müde und fast apathisch, zwei Brüder kommen vom Feld gelaufen, Nachbarn rufen erstaunt: »Willkommen!« Ich betrachte die Szenerie in Stille, ich bin zu erschöpft für begeisterte Anteilnahme.

Unsere erste Nacht in Bhijer ist herrlich. Samdup und ich schlafen auf dem Dach. Unter einem Vorbau, in typischer Weise aus Ästen, dünnen Hölzern und Lehm gefertigt, haben die Eltern zwei Schlafplätze errichtet. Obwohl auf einer Seite nur eine Plastikplane Wetterschutz bietet, fühlen wir uns geborgen. Nachts liegen wir fast unter dem freien Himmel. Vom Dach geht unser Blick über das etwas tiefer gelegene Bhijer und Richtung Westen bis zu den noch schneebedeckten Ausläufern des Kanjirowa Himal, dessen Gipfel am Horizont bis an die 6000 Meter hinaufreichen.

Aus der Küche ist schon in aller Frühe Lärm zu hören. Ich lasse mir trotzdem Zeit mit dem Aufstehen. Ich will der Familie ein ungestörtes Wiedersehen gönnen. Was aber gar nicht notwendig gewesen wäre, denn als ich später am gusseisernen Ofen einen Platz zum Frühstück finde, herrscht allgemeine Sprachlosigkeit. Mit den Eltern kann ich mich nicht verständigen. Samdup schläft noch, ebenso wie Tsering, wie mir ihr Vater durch Gesten verständlich macht. Ich nehme die Einladung zu Tsampa und Yakbuttertee an, scheue mich später aber, die Schale so begeistert mit der Zunge zu säubern, wie es alle anderen Familienmitglieder tun.

Die Stille des freundlichen Beobachtens findet ein abruptes Ende, als Tsering aus dem Nebenzimmer meinen Namen ruft. Ich stehe auf, gehe in den kleinen, fast dunklen Raum, wo Tsering zugedeckt unter einer dicken chinesischen Wolldecke liegt. Ich schaue in ihr Gesicht und sehe: Sie hat geweint.

»Was ist passiert?«

»Es ist alles gut, ich habe herrlich geschlafen. Ich bin zu Hause! Aber nun ist die Zeit, dass ich dir meine Geschichte erzähle. Ich habe es dir versprochen.«

»Das muss nicht heute sein, keine Eile«, beruhige ich sie.

»Es ist eine lange Geschichte. Setz dich zu mir. Aber wo fange ich am besten an?«, lacht Tsering.

»Dieser kleine Raum hat für mich eine besondere Bedeutung, weil ich vier Jahre auf diesem Bett gelegen habe – jeden Tag, fast ohne Unterbrechung.«

Ich bin überrascht, einen solchen Beginn habe ich nicht erwartet.

»Ich bin am 20.1.1997 geboren. Meine Mutter kann sich an kein anderes Geburtsdatum meiner zehn Geschwister erinnern. Es liegt daran, dass ich am ersten Tag von Losar, unserem Neujahr, geboren wurde. Das ist ein sehr gutes Zeichen. Aber im Alter von ungefähr eineinhalb Jahren hat sich mein Leben völlig verändert. Ich war mit meiner Familie im Sommercamp auf der Alm. Mein Vater reiste in der Zeit zum Handeln durch Tibet und meine Mutter ging wie üblich am Morgen zum Melken der Tiere. Meine Schwester Dolma sollte mich in unserer kleinen Steinhütte beaufsichtigen. Zur Sicherheit hatte mich Mutter wie immer gut in einen Bastkorb eingepackt. Der Korb stand in der Nähe unserer Feuerstelle in der Mitte der Hütte.

Ich erzähle das alles so, wie ich es von meiner Familie, von Freunden und Nachbarn erfahren habe, denn ich selbst kann mich nicht erinnern. Dolma lief nach einer kurzen Zeit meiner Mutter hinterher. Ich war allein, als der Bastkorb umkippte und teilweise in die Feuerstelle fiel. Erst nach einer Weile hörte unsere Nachbarin, Kunsang Bhuti Gurung, mein Wimmern und fand mich kurze Zeit später im Feuer. Durch den Unfall ist meine Haut auf dem Rücken und auf der rechten Körperseite fast völlig verbrannt. Die Leute erzählen, die Haut habe sich wie die Schalen einer Zwiebel abgelöst.«

Ich muss durchatmen für eine kleine Pause. Stehe auf, gehe die wenigen Schritte zu dem kleinen Fenster, das den Blick über das Dorf freigibt. Die Landschaft liegt friedlich im Sonnenlicht.

»Auf einer provisorischen Trage wurde ich zurück nach Bhijer gebracht. Eine Wanderung von etwa zwei Stunden, eine schwierige Strecke. Sofort versuchten Lamas, Mönche und unser Amchi mit Gebeten, Pujas und einheimischer Kräutermedizin, mein Leben zu retten. Ich hätte dringend Medizin gebraucht, aber es gab nichts – keine Heilsalbe, keine frischen Kleider, keine sanften Sachen zum Anziehen. Wir hatten wirklich nichts, was mir hätte helfen können, außer den Gebeten und den Kräutermischungen. Unser lokaler Amchi Tashi Tsewang Gurung konnte selbst die großen Wunden meist nur mit rohen Kartoffelscheiben behandeln. Es gab viele Tage, da hatten mich alle schon aufgegeben.

Meine Mutter konnte diese vier Jahre kaum das Haus verlassen. Sie war nur für mich da und mit mir beschäftigt. Es ist für mich heute kaum vorstellbar.«

Ihr Vater kommt leise in das Zimmer. Er muss gespürt haben, worüber Tsering spricht – und ergreift das Wort.

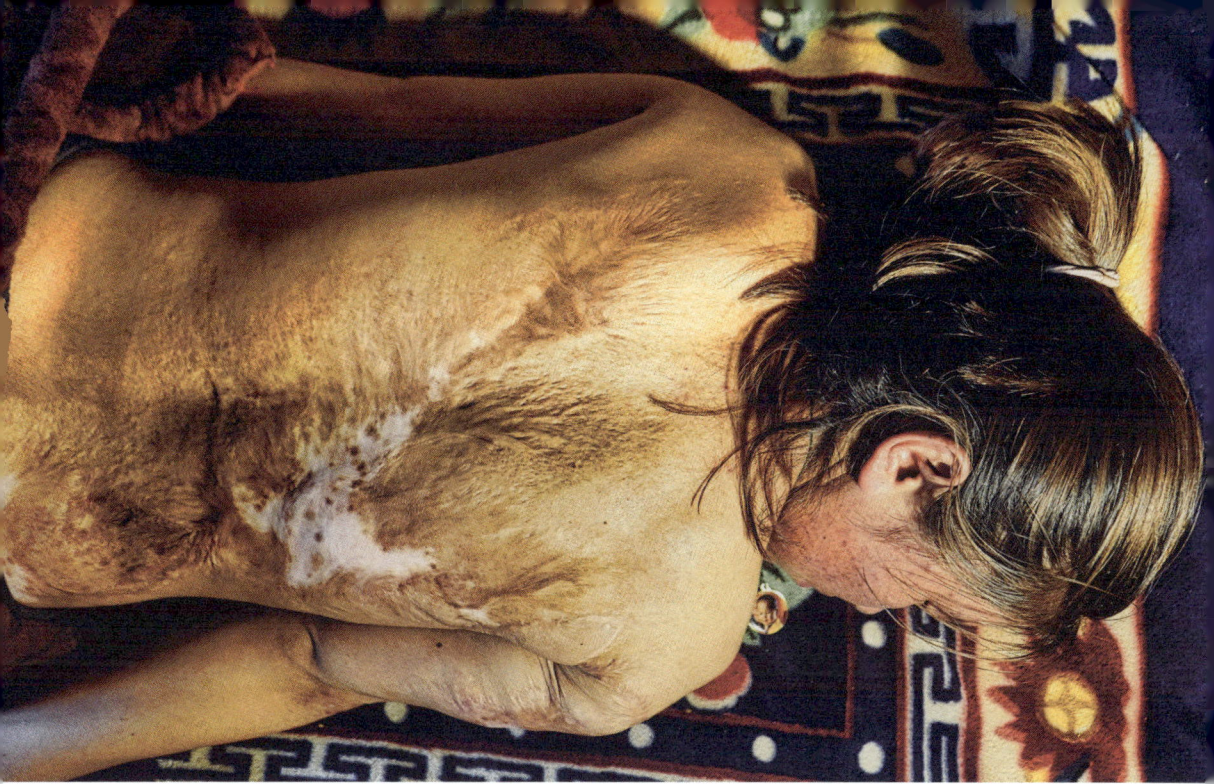

»Wie die meisten Menschen in Upper Dolpo glaube ich an übernatürliche Kräfte. Am Tag von Tserings Unfall war ich auf dem Rückweg von einer Handelsreise in Tibet. Es hatte über Nacht schwer geregnet. Der Fluss, die einzige Möglichkeit weiterzukommen, war sehr stark angeschwollen. Die Strömung war reißend und ich hatte das Pferd voll beladen. In der Mitte des Flusses tauchte das Pferd mit dem Gepäck unter die Wasseroberfläche. Alles wurde überspült. Ich hatte mit meinem Leben abgeschlossen. Ich flehte die Götter an. Und so schaffte ich es, den Fluss zu durchqueren. Aber ich wusste im gleichen Moment: Dies ist ein schlechter Tag. Es würde noch etwas passieren. Es war ein Zeichen.

Als ich nervös im Sommercamp ankam, hörte ich Frauen schreien und weinen. Sie erzählten mir von Tserings Unfall. Und ich erschrak: Denn dieser Unfall geschah genau zur gleichen Zeit wie meine gefährliche Flussdurchquerung. Für mich ist es klar, dass es einen Zusammenhang zwischen beiden Vorfällen gibt. Dieses Wissen ist Teil meines Glaubens. Die Götter haben zur gleichen Zeit unser beider Leben gerettet – eines im Feuer und eines im Wasser.«

Tiefe Narben – äußerlich ist ihr Körper gezeichnet, doch Dankbarkeit nährt Tsering Sumjoks Optimismus seit vielen Jahren. Folgende Doppelseite: Aus einer anderen Zeit – die uralten Steinhäuser des Dorfes Bhijer, umgeben von grünen Getreidefeldern

Ich spüre wieder die beängstigende Stille im Zimmer. Aber ich kann sie nicht brechen, mir fehlen die Worte.

»Mein Vater hat in dieser Zeit besonders hart gearbeitet, auf der Alm, beim Handel mit China. Er war ganz allein. Denn meine Geschwister waren entweder schon im Kloster als Mönche oder aber sie waren noch zu klein zum Helfen«, nimmt Tsering ihre Erzählung wieder auf.

»Dank der traditionellen Behandlung durch unseren Amchi erholte ich mich, kam ich wieder zu Kräften. Ich hatte tatsächlich überlebt. In der Zwischenzeit war aber mein rechter Arm an meiner rechten Körperseite angewachsen. Ich konnte mich nicht richtig bewegen. Es war sehr problematisch.

Ich muss etwa sieben Jahre alt gewesen sein, da kamen Fremde in unser Dorf. Sie interessierten sich sehr für unseren Nesar-Tempel und entdeckten dort eine der ältesten Bibliotheken im gesamten Himalaya. Aus Dankbarkeit und aus der Erkenntnis, dass Bhijer dringend Hilfe brauchte, sponserten sie auch den Bau der ersten Schule in Bhijer. Als sie mich sahen, erklärten sie meinen Eltern, dass ich dringend eine Operation benötigte. Aber diese Idee war für uns absurd. Wir sind eine arme Familie, die sich eine solche Operation in Kathmandu niemals hätte leisten können.

Doch die Fremden baten meine Eltern, mich zumindest in die Schule zu schicken und nicht ins Kloster. Mein Vater akzeptierte meine Entscheidung für die Schule. Er ist noch heute sehr tolerant. Zwei Jahre später kamen die Fremden wieder, um die Schule anzuschauen. Ich war inzwischen neun Jahre alt, es ging mir gut. Als sie meine unveränderte Lage sahen, beschlossen sie, mich zu einer Operation nach Kathmandu zu schicken. Aber es dauerte fast vier Jahre, bis ich Ende 2010 etwa im Alter von dreizehn Jahren in die nepalesische Hauptstadt kam, wo ich in einem von den Fremden gesponserten Hostel lebte – und zur Schule ging.«

Mir steht Schweiß auf der Stirn und das liegt nicht nur an der Sonnenhitze, die inzwischen das Zimmer erfüllt.

»Aber dann hat man mich wieder vergessen. Erst vier Jahre später begann meine Behandlung. Fünfmal bin ich von Spezialisten für plastische Chirurgie operiert worden. Es waren Ärzte, die als Freiwillige in ihrem Urlaub für die Hilfsorganisation Interplast Deutschland arbeiteten. Ich bin ihnen sehr dankbar.

Tiefer Schluck aus der Tasse – Amchi Tashi Tsewang Gurung stärkt sich mit Yakbuttertee für seine heilende Arbeit.

Oben: Die Alten hielten die Genesung von Tsering Sumjok
für ein Heilungswunder. Unten: Nachbarin und Ersthelferin Kunsang
Bhuti Gurung in der Unglückshütte im Sommerlager

Bei meiner ersten Operation war ich allein, bei meiner zweiten oder dritten Operation war mein Vater zufällig in Kathmandu, eigentlich wollte er auf eine Pilgerreise nach Indien. Aber so blieb er gut zwei Monate bei mir im Krankenhaus, schlief an meinem Bett auf einer Matte. Nach meiner ersten Operation habe ich mir wegen der Schmerzen fast die ganze Haut auf dem Rücken wieder abgerissen. Es war schrecklich, das ganze Bett, ja fast das ganze Zimmer, alles war voller Blut.

Nach zehn Jahren habe ich gestern zum ersten Mal meine ganze Familie wiedergesehen. Nach zehn Jahren, es ist unvorstellbar. Was für ein Glück.«

Vater Kartse steht still auf. Er kennt die Geschichte, er muss sie nicht mehr verstehen. Er geht in die Küche, setzt sich ans Feuer, nimmt seine Gebetsmühle. Die Götter hören seinen Dank, da bin ich mir sicher. Tsering folgt ihm wenig später. Wir trinken gemeinsam Yakbuttertee – es kann an diesem Morgen nichts Schöneres geben in der Heimat.

Arbeitsplatz auf dem Dach der Welt – Meena Chidi arbeitet als Käsemeisterin in der Yak Cheese Factory von Bhijer auf 4200 Metern Höhe.

Lebensweisheiten

Bhijer

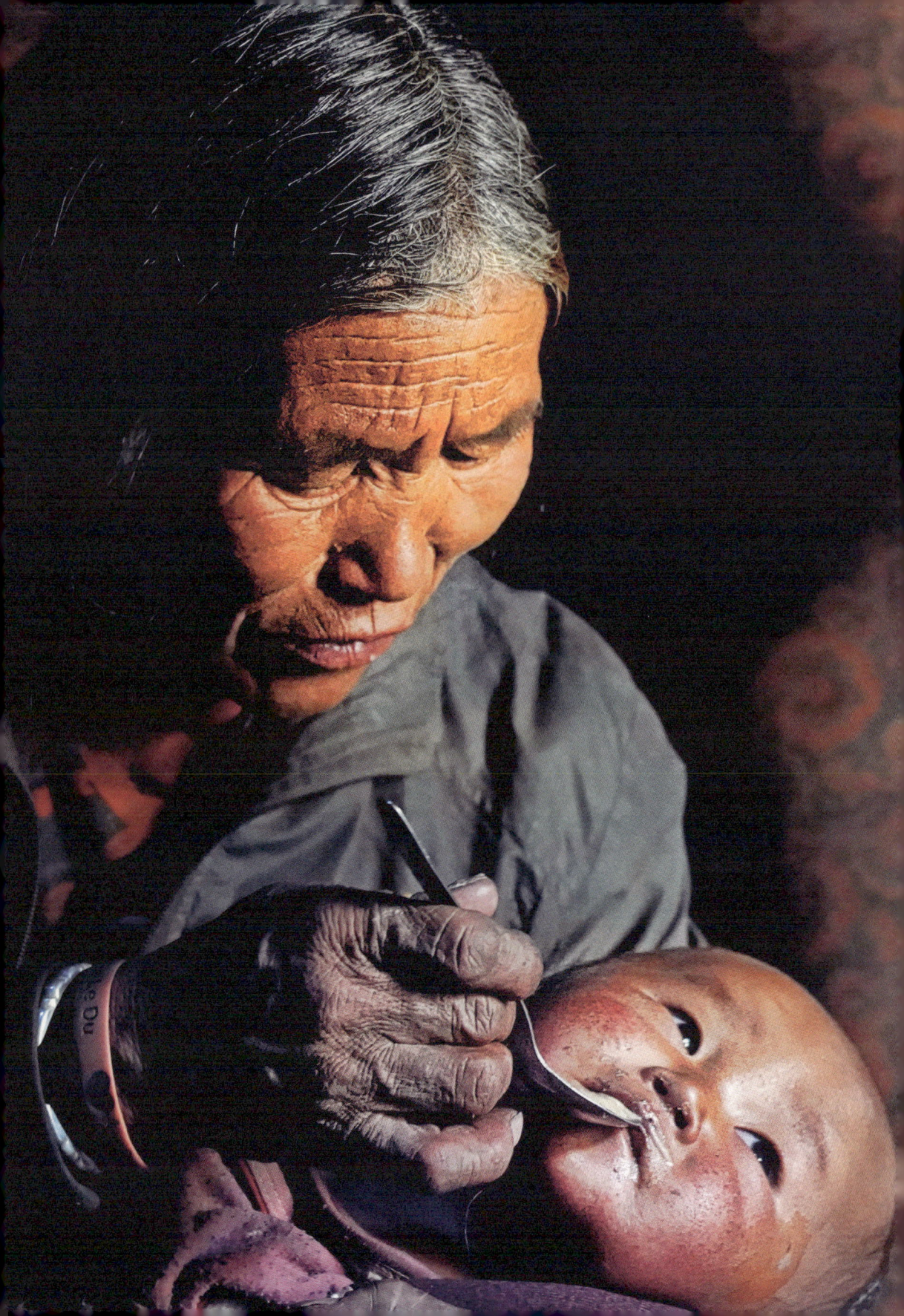

Mit alten Rezepten neue Zeiten meistern

Am späten Nachmittag weht ein leichter Wind von den Bergen herunter und verwandelt die dicht stehenden Gerstenfelder in ein wogendes Wellenmeer – ein Bild grüner Üppigkeit in einer ansonsten kargen Landschaft. Bis zur Ernte wird es aber noch gut sechs Wochen dauern, sagt Kartse überzeugt voraus, der sich wie so oft mit der Näharbeit zu dieser Tageszeit auf den von der Sonne gewärmten Lehmboden des Daches zurückzieht. Hinter dem Schneider stapeln sich Äste und windschiefe Hölzer, die einen kaum erwähnenswerten Eindruck machen, und doch schmücken sie alle Häuser des Dorfes.

Die letzten gut zweihundert verbliebenen Einwohner, die meisten zählen wie Kartse weit über sechzig Jahre, nennen das gesammelte Reisig Khawa, und keiner von ihnen würde jemals auf die Idee kommen, auch nur einen Ast davon zum Anheizen des Küchenofens zu verwenden, denn Khawa gilt als wichtige Erinnerung an vorherige Generationen. Es ist Teil einer Überlieferung, die als fester Bestandteil zu einem Haus gehört. Kartse kann sich nicht erinnern, seit wann es dort so aufgestapelt liegt, es ist einfach immer da und es wird noch dort sein, wenn er schon längst die Welt verlassen hat. Sein Khawa ist ein Erbe seiner Adoptiveltern. Es soll vier Generationen unverändert überdauern, so will es die Tradition und so wird es Kartses Sohn Chitor zweifellos bewahren, der als Yakbauer und Händler wie kein anderer in der Familie dem ursprünglichen Leben der Dolpo-pa folgt.

Das Hausdach dient jetzt im Sommer, dem milderen Wetterfenster von maximal acht Wochen, nach der Küche als der wichtigste Platz für das Familienleben. Außer zum Arbeiten nutzen die Familien den festen Lehmboden zum Trocknen von Getreide und Früchten. Wir sitzen oft auf dem Dach zusammen, trinken heißes Wasser, Tee ist zu

Vorgekaut – Oma Nachok Gurung füttert ihren Enkel mit Tsampa, das sie zuvor im Mund weich und warm zu einem Brei vermischt hat.

teuer und kaum noch im Haushalt vorrätig, dafür bringt zu späterer Stunde Chitor selbst gebrauten Chang; wir essen Tsampa oder Chapatis, die Dolma Gurung täglich frisch über dem offenen Feuer backt. Die Zeit auf dem Dach gehört ganz uns, kein Telefon, kein Internet und kein Chatten unterbrechen uns. Bhijer ist völlig isoliert von jeder Form der Moderne. Ich lausche den Geschichten, die mir nicht selten wie Erzählungen aus einer anderen Welt vorkommen.

Es geht um ein Leben voller Entbehrungen, voller Glaube, täglicher Rituale und vermeintlicher Wunder; es geht um die Freuden des Sommers und es geht um die Leiden des langen Winters, wenn Bhijer ausgestorben daliegt. Dann ziehen die meisten Bewohner für einige Monate hinunter ins wärmere Kathmandu und die alleingebliebenen Alten kämpfen sich durch jeden Tag. Erst wenn der Frühling sich zeigt, kommen auch die Winterflüchtlinge ins Dorf zurück und fragen: »Wer ist gestorben?« In manchen Jahren dauert die Antwort viel zu lang – und klingt viel zu traurig.

Aber es wird auch Klatsch weitergetragen, der hier über Mönche und Lamas erzählt wird, und genauso oft berichtet jemand aus der Runde über seine Reisen in die »Ferne«, die hier schon hinter der nächsten Bergkette beginnt. Eigentlich will niemand wirklich fort aus Bhijer. Jedem reicht es, die Geschichten zu hören und herzhaft darüber zu lachen.

Doch Nachok, Tserings Mutter, fehlt zumeist. »Meine Mutter fühlt sich nicht gut«, wehrt Tsering ab und sagt: »Wir überlegen, Amchi Tashi Tsewang Gurung zu rufen. Nur ihm vertraut sie.«

Eines Nachmittags unterbricht lautes Stimmengewirr abrupt die Idylle. Einige Häuser weiter hat sich eine Menschenansammlung – in Bhijer gelten fünf Bewohner schon als solche – zusammengefunden. Wir gehen hinunter ins Dorf, wo sich der Grund der Aufregung schnell zeigt: Das Pferd eines Nachbarn lahmt. Und nachdem im Dorf Mensch und Tier seit alters her eine innige Gemeinschaft pflegen, ist Amchi Tashi Tsewang Gurung für die notwendige Behandlung bereits vor Ort.

Ich erschrecke. Der Amchi bereitet Metsa vor, eine in der tibetischen Medizin praktizierte Form der Moxibustion, bei der bestimmte Energiepunkte mit Hitze versorgt und so (re)aktiviert werden. Doch während in der westlichen Hemisphäre zumeist kleine Wärme-»Feuer« auf der Haut entzündet und nach kurzer Zeit versetzt werden, um Verbrennungen zu vermeiden, liegt beim Nachbarn im offenen Feuer eine Eisenstange mit einer Art Stempel am etwas breiteren, schon glühenden Ende.

Das Pferd ist bereits unruhig. Nach den drei tiefen Brandmalen auf dem linken Hüftgelenk zu urteilen muss es ahnen, was passieren wird. Seine Füße sind mit einem Strick gebunden, die Bäuerin streichelt das Tier, stülpt ihm dann aber einen Sack mit Futter über den Kopf. Es beginnt eine offensichtlich schmerzhafte Behandlung. Nach dreimaligem Gebrauch des Feuerstempels, es sind tiefe, blutige Wunden entstanden, erklärt der Amchi die Zeremonie für ausreichend, packt seine Instrumente zusammen und verabschiedet sich mit den Worten. »Ich muss schnell nach Hause, sonst verliert der Feuerstempel seine Kraft – und ich brauche ihn morgen wieder, vielleicht behandele ich damit Nachok, Kartses Frau«, übersetzt Tsering. Ich traue meinen Ohren nicht.

Angesichts solcher Aussichten für den nächsten Tag erlebe ich eine unruhige Nacht, kann aber nach dem Frühstück – der Amchi hat bereits auf einem Kissen Platz genommen – gelassener sein. Nach kurzer Konsultation entschließt sich der Medizinmann für eine Therapie »ohne Feuer«. Ich danke den Göttern und bin überrascht, dass er Samdup und mir erlaubt, in der Küche zu bleiben.

Mittelalterlich – wenn das Pferd des Nachbarn lahmt, wird der lokale Amchi gerufen. Der traditionelle Arzt macht bei seinen Behandlungen kaum einen Unterschied zwischen Mensch und Tier.

In einer anderen Welt – Amchi Tashi Tsewang Gurung bemüht während der
Behandlung von Nachok Gurung heilende, überirdische Kräfte und hat Erfolg.

Auch Nachok stimmt leise zu. »Ich bin überzeugt, ein Fremder hat eine solche Behandlung in Bhijer noch nie verfolgt«, hebt der Amchi hervor.

Es beginnt eine fast dreistündige Zeremonie, in der ich teilweise den Bezug zur Gegenwart verliere, so verwirrend gestaltet sich die Heilung der Mutter – ich fühle mich in eine Art »Zwischenwelt« versetzt. Beständig unterbrochen von Gebeten und dem Rezitieren heiliger Texte, füllt er zunächst Blütensamen in ein reich verziertes Wassergefäß aus Metall und formt mit seinen Fingern unterschiedliche Torma, Figuren aus Tsampa, die auch oft auf den Altären in Klöstern stehen. Seine Torma lassen weibliche Formen erkennen, in die er mit einem alten Messer tiefe Kerben ritzt. Offensichtlich dienen zwei Zanpar-Formen, die einer Art von hölzernen Modeln in Form langer rechteckiger Holzstücke gleichen, als seine wichtigsten Utensilien, in die er Tsampa drückt, mit dem sich Nachok zuvor unter ihrer Kleidung auf der nackten Haut am Hals und am Oberkörper eingerieben hat. Durch die Berührung mit Nachoks Körper besitzt das Tsampa nun einen direkten Bezug zur Patientin. So sollen die Krankheiten von Nachok auf die kleinen Figuren übertragen und die Dämonen besiegt werden. Da fast 360 alternative Beschwerden in Betracht kommen, setzt die Zeremonie große Erfahrung und Wissen voraus, die Amchi Tashi aufweisen kann, beschäftigt er sich doch schon seit seiner Kindheit mit der tibetischen Medizin.

In die größte geknetete Figur, sie ist vielleicht 25 Zentimeter hoch und stellt eine Frau dar, stößt er auf Schulterhöhe ein zugespitztes Holzscheit. Es sieht so aus, als solle dies einen Schmerz im Körper symbolisieren. Nachdem alle Symbole auf einem Metallteller angeordnet und gesegnet sind, beginnt er mit der eigentlichen Behandlung und berührt Nachok mit einer Kata, die an einem langen Stock hängt, und gießt dabei vorsichtig nach und nach das inzwischen gelb verfärbte Blütenwasser über ihren Kopf. Ich bin sicher, es handelt sich um gesegnetes Wasser vom heiligen Berg Mount Kailash, von dem er zuvor erzählte. Zum Abschluss räuchert er den Raum und alle dort versammelten Personen, verschwindet dann für eine Weile mit den Opfergaben und »säubert« den gesamten Wohnbereich.

Ich brauche eine ganze Weile, um mich im Hier und Jetzt wieder zu orientieren, so verwirrend, so fremd habe ich die Stunden erlebt. Dann gehen alle Anwesenden abrupt zum gemütlichen Teil über –, aber schon während der Heilung wurde weiter gekocht, Handarbeit erledigt und gesprochen. Amchi Tashi bleibt noch lange sitzen, es wird geredet und es wird gemeinsam gegessen. Wie alle Amchis wird auch Tashi keine direkte Bezahlung verlangen, sondern fühlt sich dem Gemeinwohl verpflichtet und lebt vorrangig von Spenden.

Ich fühle mich nicht in der Verfassung für Geselligkeit und atme tief durch, als ich an der frischen Luft langsam wieder einen klaren Kopf bekomme. Vom Fluss aus sehe ich am anderen Ufer Tashi Bhuti Lama. Sie verantwortet die medizinische Abteilung im nahen Khunphen-Hospital. »Ich lade dich gern wieder zum Mittagessen ein«, ruft sie zu mir herüber – ich nehme die Einladung ohne Zögern an. Dass Gemüse im Dorf ungewöhnlich vielfältig wächst, verdankt Bhijer dem besonders milden Klima – und einer besonderen, fast unglaublichen Geschichte.

Der Anfang des »Wunders von Bhijer« reicht schon über vierzig Jahre zurück, und zwar bis zum Jahr 1978, als die Bewohner drei Ausländern den Zutritt zu ihrem Dorf verweigerten, was zur damaligen Zeit eigentlich nichts Besonderes war. Aber die Ausländer, mittlerweile zu Experten für die Region und den Buddhismus geworden, kehrten im Juli 1999 zurück, als sich die Verhältnisse geändert hatten. Bei einem Picknick vor der lokalen Nesar Gompa stellten sie erstaunt fest, dass es sich um einen ziemlich alten Tempel handeln musste. Dort trug mittlerweile Lama Tenzin Gyaltsen Rinpoche, ein im Gegensatz zu seinem Vorgänger sehr weltoffener Mann, die Verantwortung – der Vater meiner Mittagsgastgeberin Tashi Bhuti.

»Mein Vater erzählte ihnen später, als sie gegenseitiges Vertrauen spürten, dass es im Tempel eine sehr alte Bibliothek gibt, die er aus Angst vor Diebstahl eingemauert habe. Wenn sie Interesse hätten, würde er ihnen erlauben, die Wände einzureißen und die Bücher zu studieren«, erinnert sich Tashi Bhuti an die Erzählungen ihres Vaters. Die drei Fremden stimmten zu, wollten aber zur Sicherheit auch die Erlaubnis aller Familien aus Bhijer einholen, damals waren es 22, die daraufhin »den Vertrag« per Daumenabdruck unterzeichneten.

Man einigte sich, im folgenden Jahr mit dem Studium der Bücher zu beginnen, was ein sensationelles Ergebnis zutage bringen sollte: In der Nesar Gompa von Bhijer lagert die wohl älteste und umfangreichste Bibliothek religiöser tibetischer Schriften des gesamten Himalayas. Die insgesamt 642 Bücher umfassen rund 320 000 Seiten mit 150 Illustrationen, die ältesten aus dem Ende des 11. Jahrhunderts. Die Entdeckung war nicht nur für alle Beteiligten,

unter ihnen eine der führenden Tibetologinnen, die Amerikanerin Dr. Amy Heller, eine Sensation.

Wohl auch deshalb erwiesen sich die einstigen Fremden als dankbar und spendabel: Sie gründeten die Hilfsorganisation Revival of Vijer Dolpo (ROV) und planten die Renovierung der Gompa samt Bibliothek. Aber nicht nur: Sie bauten die Krankenstation aus, errichteten erstmals eine Trinkwasserversorgung, planten eine Schule, deren heutiger Standort eigens aus zehn Vorschlägen von hohen Lamas ausgewählt wurde, um die Gefühle der Einheimischen nicht zu verletzen, und gründeten eine Molkerei für Yak-Käse hoch oben im Berg.

Es war der Beginn des »Wunders von Bhijer« – mit einem besonderen Happy End: Einer der drei Fremden ist ein gewisser Thomas Pritzker, als Buddhismus-Kenner geschätzt, aber im wahren Leben ein Milliardär und Philantrop aus Chicago und einer der reichsten Amerikaner, zu dessen Familienimperium auch die weltweit agierende Hyatt-Hotelkette gehört.

Zwiespalt – Lama Tenzin Gyaltsen Rinpoche steht der Nesar Gompa vor, die ein Buchjuwel beherbergt. Aber seine Kassen für eine Rettung der Bibliothek sind leer.

Der Bücherschatz von Bhijer – Tashi Bhuti Lama (re.) und Chandra Gurung zeigen eine von über 320 000 Seiten großartiger Himalaya-Geschichte.

Er und seine Frau Margot sowie der Schweizer Himalaya-Kunst-experte Chino Roncoroni waren es, die Jahre später auf einer erneuten Reise den Bauern Kartse und seine Frau Nachok überzeugten, dass ihre Tochter Tsering Sumjok nach ihren Brandverletzungen die Chance auf ein Überleben bekommen soll. Und so sponserten sie den Transport nach Kathmandu und den dortigen Aufenthalt in einem Hostel.

Nach einer kurzen Diskussion zwischen Tashi Bhuti Lama und Chandra Gurung, der als Repräsentant des ROV-Hilfsprojektes die Verantwortung trägt, wird für Samdup und mich die Bibliothek ausnahmsweise geöffnet. Und so gelingt uns für eine halbe Stunde ein unglaublicher Einblick in ein einzigartiges Stück Himalaya-Geschichte. Doch meine Begeisterung wird erheblich getrübt, denn die Bibliothek befindet sich zwar in einem ordentlichen Zustand, doch der Nesar-Tempel sieht stark beschädigt wie eine Baustelle aus, was mir später Lama Tenzin Gyaltsen Rinpoche so erklärt: »Wir hatten vor einigen Jahren einen Wassereinbruch. Das Dach ist an vielen Stellen undicht. Der Schaden ist enorm. Auch viele Bücher wurden beschädigt. Und dann fraßen Ratten die Papiermanuskripte an. Wir bräuchten mindestens 50 000 US-Dollar, um das Kloster zu retten. Ich mache mir auch große Sorgen um meine Familie. Eines Tages werden wir vielleicht überfallen, ermordet und die Bücher gestohlen. Es ist schrecklich. Es wäre schon gut, wenn wir mehr Mönche wären, doch in diese Abgeschiedenheit kommt niemand freiwillig.«

Ich kenne das Problem und die Gefahren für die Zukunft dieser einzigartigen Berglandschaft aus anderen Himalaya-Regionen: die wachsende Abwanderung der Jugend, der große Mangel an Nachwuchs in den meisten Klöstern, die Folgen des Klimawandels, die Gefahr von Bergseen infolge der Gletscherschmelze, mangelnde finanzielle Ressourcen, eine extreme Zunahme von Straßenbauprojekten und der ungewisse Einfluss des Nachbarn China. Der Himalaya mag weltweit ein einzigartiges Image haben, in der Region selbst kann kaum jemand allein damit seinen Alltag bestreiten.

Als wir wieder unter freiem Himmel stehen, zeigt Chandra Gurung Richtung Norden: »Hinter dem Nesar-Tempel ist ganz in der Nähe ein Steilhang nach dem vielen Regen abgerutscht und gefährdet Häuser. Jetzt spüren auch wir die Folgen des Klimawandels. Früher gab es so etwas nie.« Im Gegenteil: Früher trugen Mönche einen Teil der Bücher regelmäßig durch das Dorf, um die Götter um Regen zu bitten. Längst können die Bücher im Schrank bleiben.

Ich trinke noch etwas heißes Wasser in der Küche des Krankenhauses und will mich gerade auf den Weg machen, als Tsewang Bhumchok die Tür öffnet und mich mit »Tashi Delek« freundlich begrüßt. Die 29-Jährige gehört zu den jüngsten Amchis im Himalaya und ist eine von sehr wenigen weiblichen Vertreterinnen ihrer Tradition in Nepal. Und natürlich trägt sie, wie fast alle Frauen im Dorf, die traditionelle Chupa in einer schlichten »Arbeits«-Ausführung.

»Warum bist du Amchi geworden«, möchte ich wissen.

»Ich bin in Bhijer geboren, damals, als die Zeiten schwer waren. Ich hatte zwölf Geschwister, aber zehn – stell dir vor, zehn! – sind schon bei der Geburt gestorben. Da war für mich klar: Ich werde Amchi, um meinem Dorf und den Menschen zu helfen. Dafür habe ich tibetische Medizin an der Universität im indischen Varanasi studiert. Und jetzt bin ich hier – und ich bin glücklich.«

»Was ist der größte Unterschied zwischen deiner Tradition und unserer westlichen Medizin?«

»Ich bin nicht gegen die westliche Medizin, sie hilft bei vielen Krankheiten, aber sie konzentriert sich meist ausschließlich auf die Symptome und hat oft Nebenwirkungen. Die tibetische Medizin legt hingegen den Schwerpunkt auf die Ursachen. Es kann hundert Symptome für eine Krankheit geben, aber es gibt zumeist nur wenige Ursachen. Und wir verzeichnen viel weniger Nebenwirkungen. Tibetische und westliche Medizin können sich aber auch gut ergänzen.«

»Ursachen zu erkennen stelle ich mir nicht leicht vor unter den sehr eingeschränkten Bedingungen hier in Bhijer.«

»Krankheiten führt die tibetische Medizin oft auf ein Ungleichgewicht zurück. Es gilt dabei, den wichtigen und ungestörten Energiefluss im Körper, vom Kopf bis in die Zehenspitzen, zu unterstützen. Wir haben einen eher holistischen Ansatz, denn Körper und Geist sind bei uns eins. Der Körper ist dabei wie ein Baum, bei dem alle Teile zusammengehören und einander brauchen. Wir können nicht einen Teil des Körpers behandeln und die anderen Teile außer Acht lassen.«

Wir gehen zu ihrem Schreibtisch, der im Schatten eines geschmückten Altars steht. Auf dem Boden verteilt stehen Tüten mit Kräutern und Pulvern.

»Wie lassen sich die Grundlagen des traditionellen Systems auf einfache Art erklären?«

»Wir kennen fünf Energien: Raum, Wind, Feuer, Wasser und Erde. Diese teilen wir in drei Stimmungen (three Humors) ein:

Wind, Galle und Schleim. Nach diesem System gelingt es uns, Krankheiten und Stimmungen sehr gut zu bestimmen, übrigens auch Depressionen.«

»Was für Möglichkeiten der Diagnose gibt es denn hier in der Abgeschiedenheit ohne medizinische Instrumente?«

»Am wichtigsten ist sicher die Pulsdiagnose. Der Puls ist wie ein Botschafter, denn im Puls zirkulieren Blut und Wind. Wichtig ist auch der Urin, an dessen Farbe wir erkennen, welche Energie gestört ist. Eine dunkle Farbe weist in Richtung Feuer. Dann wissen wir, wie wir eine Störung in diesem Bereich angehen können. Dazu gibt uns die intensive Befragung des Patienten gute Hinweise. Auch die Frage, was er gegessen hat, ist wichtig für uns. Und ganz aktuell kommt immer häufiger der Klimawandel hinzu, der unser Leben auch gesundheitlich stark beeinflusst, denn die fünf Energien verändern sich mit den Jahreszeiten. So ist dieser Winter sehr mild, aber wenn es kaum Schnee gibt und keine Kälte, dann ist das für uns eine große Veränderung, weil wir klirrende Kälte gewöhnt sind und brauchen.«

»Was kann die westliche Medizin von den Amchis lernen?«

»Lernen ist ein zu großes Wort. Aber ich sage es so: Es sollte traditionell eine Beziehung zwischen Patienten und Arzt bestehen. Ich würde es fast Freundschaft nennen. Ja, uns leitet Freundschaft und nicht das Geldverdienen. Wir haben eine spirituelle Beziehung zum Patienten. Wenn ich ihn gut behandle, dann hilft dies auch meinem Karma in einem zukünftigen Leben, so unser Ansatz. In der westlichen Welt ist Medizin dagegen vor allem ein Geschäft.«

Und dann macht mir Amchi Tsewang Bhumchok ein Angebot, das ich nicht ablehnen will. Wenige Minuten später sitze ich vor dem Thanka mit dem Medizin-Buddha. Freier Oberkörper, harter Stuhl, der Duft von heißem Öl und Kräutern liegt in der Luft.

»Diese Massage nennen wir Kunje. Auch sie hat zum Ziel, den Energiefluss im Körper zu aktivieren und in ein Gleichgewicht zu bringen. Dafür kennen wir fünf Punkte, die wir leicht mit Senföl stimulieren. Ich gebe etwas Chili dazu, weil es Wärme erzeugt. Unser Chili hier wirkt viel intensiver als der in Kathmandu. Weil wir ihn mit der Hand mahlen, aber die in der Hauptstadt nehmen einen Elektro-Mixer, doch dadurch geht die Wirkung verloren.«

Ich lächle. Es kann also auch vorteilhaft sein, wenn ein ganzes Dorf ohne Stromanbindung überleben muss.

Als ich am späten Nachmittag entspannt zurück in unser Haus am Hang komme, die Massage hat nur wenige Minuten gedauert,

erlebe ich das nächste Wunder. Mich begrüßt lächelnd eine lebensfrohe, völlig verwandelte Nachok Gurung. »Meiner Mutter geht es
super«, strahlt auch Tsering. Es ist unglaublich, aber es ist offensichtlich. Ist es die Behandlung selbst? Ist es der Kontakt zum
Amchi? Ich weiß es nicht, aber ich bin sicher: Ein Tag voller
Wunder, ein wundervoller Tag.

Haltung bewahren – während der Kunje-Massage begibt sich der Autor
konzentriert-gelassen in die heilenden Hände von Amchi Tsewang Bhumchok.

Zufriedenheit

Von Bhijer nach Namdo

Beschäftigung zur inneren Balance

Natürlich regnet es. Die Wolken hängen tief. Doch das Grau des Tages passt nicht zur feierlichen Stimmung. Familie, Freunde und Nachbarn sind gekommen, denn es heißt für Samdup und mich, Abschied zu nehmen von Bhijer.

Hinter dem Haus werden die Pferde bepackt. Chitor, Tserings Bruder, soll uns begleiten, weil sie selbst noch länger bei ihren Eltern im Dorf bleiben möchte. Wenn alles gut geht, werden wir uns in zehn Tagen wiedersehen. Es muss alles gut gehen, denn bis zum vereinbarten Treffen in Tokyu gibt es keine Möglichkeit, Kontakt aufzunehmen. Upper Dolpo liebt die Stille, wir müssen uns jetzt arrangieren und können nur hoffen, dass das Schicksal es gut mit uns meint.

Vor dem Haus wird gefeiert. Kartse hat die besten silbernen Trinkschalen hervorgeholt und genügend Chang in einem blauen Plastikkanister bereitgestellt.

Eile ist heute nicht von Bedeutung, schließlich teile ich ein letztes Mal mit meinen Gastgebern die Traditionen Upper Dolpos. Am Rand der mit Chang gefüllten Tassen kleben drei kleine Yak-Klumpen. Vor dem Trinken tunke ich Ringfinger und Daumen in die Tasse und spritze jeweils dreimal ein wenig Flüssigkeit in unterschiedliche Himmelsrichtungen. Es ist eine Geste für die Götter, verbunden mit der Bitte, dass wir auf unserer Reise beschützt sein mögen. Dabei hat die ungerade Zahl Drei eine besondere Bedeutung, denn sie steht im Buddhismus für »die drei Juwelen« – Buddha, Dharma und Sangha.

Die Antwort auf meine Frage, warum es denn gerade der Ringfinger sein müsse, ist ein weiterer Mythos: Im Bauch der Mutter würden Babys den Ringfinger häufig in die Nase stecken, daher sei dieser Finger der reinste an der Hand. Beim Kreisen der Tassen

---

Der Heimatversteher – Yakbauer Chitor erzählt unterhalb des Dumla-Passes aus dem beschwerlich-glücklichen Leben der Dolpo-pa.

geht es nicht um den Alkohol. Nein, es ist ein uraltes Ritual, das dem Wanderer symbolisieren soll: Du hast etwas »gegessen«, du gehst nicht mit leerem Magen – auch wenn es nur Chang ist.

In diesem Moment der großen Zuneigung wird mir nochmals bewusst, dass das Leben dieser Menschen genau wie die immerhin 700 Jahre während Abgeschiedenheit bald ein Ende finden könnte. Oft hörte ich in den letzten Tagen die Gerüchte, dass die Straße aus Tibet bald auch Bhijer erreicht. Und ich bin nicht sicher, ob die Moderne für das Dorf ein Segen sein wird, während die Gesichter der Dörfler Vorfreude zeigen. Kartse begegnet den Gerüchten mit seinem bewährten Humor: »Platz zum Parken haben wir hier genug.«

Nachok Gurung verteilt Katas, deren weiße Farbe als weiteres positives Zeichen für eine sichere Reise steht. Es ist der feierlichste familiäre Moment meiner Zeit in Bhijer.

Ich halte mich beim Chang vorsichtshalber zurück. Der gestrige Abend steckt mir zwar nicht in den Knochen, aber noch merklich im Kopf. Wenn ich das überhaupt so sagen kann, ist Phurba schuld,

Exotisches Paar – Shopbesitzer Dawa Samdup Gurung (Bhijer, Upper Dolpo) und sein Weißbier-Vorrat (Kaiserdom, Bamberg)

einer von Tserings Brüdern, der mit seiner Familie im Nebenhaus wohnt. Er hat sie geplant, die Abschiedsparty für mich. Phurba war früher Mönch mit großen Ambitionen und reichlich Wissen, hatte aber zum Entsetzen und gegen den Willen seiner Eltern vor einigen Jahren »umgesattelt« und arbeitet jetzt als Lehrer für Tibetisch in der örtlichen Schule. Seine feinfühlige, zurückhaltende Art führe ich auf seine Mönchsausbildung zurück.

Ich wollte zu »meiner« Party nicht mit leeren Händen kommen. Doch diesen Umstand zu beheben, erschien mir in der Einsamkeit als eine enorme Herausforderung. Die drei Packungen Pasta, die ich dem offiziellen »Es gibt kaum etwas zu Essen«-Hinweis folgend aus Kathmandu mitgenommen, aber noch immer nicht verbraucht hatte, genügten mir nicht als Geschenk.

Es gibt im Dorf einen Gemischtwarenladen, der alle Bedürfnisse des täglichen Bedarfs deckt. Auf den ersten Blick keine lukrative Geschäftsidee, denn kaum jemand meldet außerhalb der eigenen vier Wände einen täglichen Bedarf an. Der Ladenbesitzer ist trotzdem ein gefragter Mann: Dawa Samdup Gurung handelt nicht nur mit Reis, Seilen, wie man sie hier zum Einfangen von Haustieren nutzt, und chinesischen Kaugummis, er übt zugleich das Amt des »Schlichters« aus, dessen Urteil alle in Bhijer akzeptieren. Dawa wird befragt bei Ehestreitigkeiten, verschobenen Landgrenzen oder Problemen, wenn es um den wahren Besitzer von Yaks, Schafen, Ziegen oder um rechtmäßige Eigentümer von Hütten im Sommerlager geht. Es gibt (so gut wie) keine Kriminalität. Der wenige Ärger lässt sich zumeist auf einen gemeinsamen Nenner zurückführen: Alkohol.

Als ich in Dawas Laden auf der Suche nach einem passenden Geschenk herumstöbere, mache ich eine Entdeckung: Unter der Ladentheke stehen drei Dosen Bier. Normalerweise wird hier Bier der Marke Tsingtao aus China verkauft, doch es gibt ganz offensichtlich eine erstaunliche Ausnahme: Und so mache ich mich mit drei Dosen Weißbier, gebraut von Kaiserdom in Bamberg (»seit 1718«) auf den Weg zur Party. Auf dem Weg dorthin frage ich mich, wie es eine Biermarke, die in Deutschland wohl nur Insidern – oder Bambergern – bekannt sein dürfte, unter einen Holztresen in Upper Dolpo schafft? Mir reicht Dawas Erklärung: »Ein Händler aus Tibet hat sie mir mal als Werbegeschenk gegeben.«

Folgende Doppelseite: Hoch die Tassen – Weißbier und Chang, statt Yakbuttertee und heißem Wasser, ein seltener Genuss

Pasta aus Italien, Bier aus Deutschland, Chang aus Bhijer und Gemüse aus dem eigenen Garten – ein fantastischer Abend nimmt seinen grandiosen Lauf. Es sollte eine Party mit fünfzehn fröhlich gestimmten Gästen werden, wie sie Bhijer in seiner jüngsten Geschichte wohl noch nicht erlebt hat. Selbst die Älteren in der Runde genossen die Exotik des Weißbiers und das damit verbundene Gefühl, einen Hauch von Ferne und ein Land zu schmecken, dessen Namen viele noch nie zuvor gehört haben. Ausgelassener hätte unser letzter Abend im Kreis der Familie – wir sind längst mehr als Freunde –, nicht sein können.

Doch jetzt, noch immer kreisen die Chang-Schalen und die guten Wünsche für eine sichere Reise wollen kein Ende nehmen, dränge ich zum Aufbruch. Endlich verlassen wir Bhijer und passieren kurz vor dem Ortsende die lokale Wassermühle am Fluss, wo der Müller Nyima Wangyal Gurung, zugleich geschätzter Amchi, in einer kleinen Steinhütte sitzt, die im Innern vollkommen mit Mehl eingestaubt ist. Er ist dabei, die beiden Mahlsteine aufzurauen, die das Wasser mehr oder weniger schnell antreibt. Alle Bewohner können hier ihre Ernten, vor allem Gerste und Buchweizen, zum Mahlen vorbeibringen. Sein Beruf ist zum Aussterben verdammt, spätestens wenn auch hier die Elektrizität Einzug hält.

Schnell liegen die letzten Chörten hinter uns. Aber noch lange hören wir das Hämmern aus der Wassermühle, es ist der fremde Klang eines fremden Lebens.

Der Trail steigt wieder steiler an. Wir hören nur den Regen. Ich erinnere mich an die Tage in Bhijer, an Tage in einer anderen Welt, von der ich sicher war, sie könne gar keinen Platz mehr in der modernen Zeit haben.

Wie kann es sein, dass gut zweihundert Menschen sich wie in einer traditionellen Blase der Moderne erfolgreich, zufrieden und hoffnungsvoll entgegenstemmen; noch fast genauso leben, wie es bereits Generationen vor ihnen getan haben. Einsamkeit, Krankheiten, Hunger und Naturgewalten machen ihr Leben zu einem täglichen Existenzkampf. Und wie begegnen diese Menschen den Herausforderungen? Mit Optimismus, mit Freundlichkeit und mit tiefer, gegenseitiger Empathie. Niemand muss seine Sorgen allein tragen. Es ist diese Gemeinschaft, die sie stärker macht.

Sie erinnern sich, dass Tsering Sumjok nach ihrem Feuerunfall dem Tod mehr als nahe war. Doch als die junge Frau nach fast zehn Jahren zurückkehrt, empfangen sie die Totgeglaubte mit einem tiefen Mitgefühl und einer inneren Freude, als käme die eigene

Dolpos Mühlen mahlen traditionell – das Wasser des Mukporong
hält die Mühle von Nyima Wangyal Gurung am Laufen,
doch seine Tradition ist vom Aussterben bedroht.

Tochter nach Hause. Ich habe keinen Zweifel: Bhijer ist eine ungewöhnliche Gemeinschaft grundgütiger Menschen, die sich ohne Zwang dem Gemeinwohl und den uralten Traditionen ihrer Vorfahren verpflichtet fühlen und so mit »Gottvertrauen« und Optimismus in eine Zukunft schauen, die sie – dessen bin ich gewiss – meistern werden. Und ich erinnere mich daran, wie wir, kurz bevor wir damals nach Bhijer hinabgingen, eine alte Frau trafen, die am Berg Pilze suchte. Als sie Tsering erkannte, lief sie auf uns zu, grüßte mit einem Segen und einem strahlenden Lächeln. »Ich möchte dir zu deiner Rückkehr ein Geschenk machen«, sagte sie und überreichte Tsering ihre ganze Ausbeute eines langen Tages: zwei riesige Champignons! Für sie war es ein Geschenk von großer, völlig unschuldiger Bedeutung. Es war alles, was sie hatte – für mich wurden es so die schönsten Pilze, die ich je gesehen hatte. Es blieben zwei Pilze, doch mein Blickwinkel machte sie zu etwas ganz Besonderem.

Mir kommt ein Gespräch mit Lama Dradhul Rinpoche in Erinnerung. Die Mutter des heute 44-Jährigen lebte allein, aber mit vielen Kindern in Bhijer. Sie gehörte zu den Ärmsten im Dorf und schickte ihren Sohn deshalb früh in ein Kloster. Er verließ Bhijer mit zehn Jahren. Inzwischen hat er, als Wiedergeburt erkannt, eine buddhistische »Karriere« mit einer globalen Anhängerschaft eingeschlagen.

»Das Leben in Bhijer und in ganz Upper Dolpo ist schwer, aber trotzdem scheinen die Menschen zufrieden zu sein. Worin liegt das Geheimnis?«

»Wir führen schon seit langer Zeit ein äußerst bescheidenes Leben. Und dann hat es die Gier schwer, sich in voller Ausprägung zu entwickeln. Ein bescheidenes Leben und die Gier sind keine Freunde. Die verfügbare Vielfalt ist es, die Gier entfachen kann. Und Vielfalt gibt es in meiner Heimat einfach nicht. Genauso ist es mit der Eifersucht. Sie entwickelt sich in Upper Dolpo kaum. Wenn mein Nachbar ein Yak kauft, dann will ich vielleicht auch ein Yak. Natürlich gibt es das bei uns. Aber: Wenn jemand im Westen ein Auto kauft, dann möchte der Nachbar ein größeres Auto. Und danach möchte der andere Nachbar wieder ein noch größeres. Bei uns ist und bleibt ein Yak ein Yak. Es gibt keine Vielfalt. Erst das Verlangen führt zur Abhängigkeit von größeren Dingen und immer mehr Dingen. Doch es gibt noch einen weiteren Grund: Alte Menschen in Upper Dolpo haben immer etwas zu tun. Das ist enorm wichtig, nicht nur im Alter: Ohne Beschäftigung geht das Glück verloren. Eine Beschäftigung kann dir einen Sinn geben, der dich am Leben hält. Tue etwas, was dich ruhig und friedlich macht. Denke nicht zu viel nach, versuche Ärger und ärgerliche Gedanken zu vermeiden. Engagiere dich für die Gesellschaft. Das sind Grundsätze in Upper Dolpo, die aber für Menschen auf der ganzen Welt ein Leitbild sein können. Diese Dinge sind es, die Glück und Zufriedenheit erzeugen. Denk positiv. Immer.«

Und wie sagte Tsering am ersten Tag unserer Reise über ihr Heimatdorf Bhijer?: »Wir streben nicht nach Reichtum, wir streben nach Respekt für unsere Mitmenschen, nach Zufriedenheit und nach Glück. Wir fühlen uns als innige Gemeinschaft, das macht uns stark – und lässt uns überleben.«

An diesem Morgen weiß ich: Sie hat nicht übertrieben.

Erst auf 4200 Meter Höhe legen wir eine Pause ein, denn wir stehen vor der »Yak Cheese Factory«, der wohl höchstgelegenen Molkerei weltweit. Ich war schon einige Tage zuvor einmal hier, deshalb weiß ich, welch charmante Käsemeisterin die Verantwortung trägt. Meena Chidi sitzt mit ihren beiden Helfern, zwei jungen Burschen aus dem Dorf, die das seltene Handwerk erlernen wollen und eines Tages allein die Verantwortung tragen werden, vor dem Haupthaus. Die NGO »Revival of Vijer« hat den Bau erst vor zwei Jahren abgeschlossen. Meena, die in der Schweiz und den Niederlanden das Handwerk erlernte, muss sich um den Absatz ihrer Produkte keine Sorgen machen: Von den jährlich gut 700 Kilogramm Käse garantiert das Fünfsterne-Luxushotel und Resort Hyatt Regency Kathmandu die Abnahme von 500 Kilogramm – eine clevere Idee von Thomas Pritzker, dem einfühlsamen Bhijer-Unterstützer.

Wenig später, unten am Hang liegt schon entfernt die Käserei, passieren wir das Sommerlager, in dem Tsering damals ihren schweren Unfall hatte. Dann entscheidet sich Chitor für eine Abzweigung. Wir nehmen den Weg Richtung Südosten und kommen schnell zu einer weiten, steinigen Hochebene.

Chitor stoppt, lässt die Pferde pausieren und lauscht. »Dort vorne ist wahrscheinlich ein Wolf, sehr scheue, aber sehr gefährliche Tiere für unsere Herden. Wir haben sechs Yaks, zwei Pferde und viele Ziegen im letzten Sommer verloren. Das ist ein riesiger Verlust für uns, denn ein Tier kostet zwischen 150- und 180 000 Rupien. Unsere Hunde können nicht helfen, denn wir binden sie an, weil die Wölfe sie sonst auch töten würden.«

Das Geräusch, das ihn alarmiert hat, verstummt und ein Schatten, den wir kurz am Hang mit Blicken verfolgen, verschwindet. Die Pferde bleiben ruhig, ein gutes Zeichen. Vielleicht war es ein

Oben: Spitzweg lässt grüßen – Lama Labrang Dhondup in seiner
Apotheke für traditionelle tibetische Medizin und Kräuter.
Unten: Yaktransport aus Tibet auf dem Weg Richtung Süden

Wolf, vielleicht ein Schakal – oder war es doch nur eine Wolke? Egal, es war spannend.

Während des Aufstiegs zum Dumla-Pass geht der Regen in Schnee über. Meine Finger sind so klamm und steif von der Kälte, dass es mir kaum gelingt, in 5134 Metern Höhe die Gebetsfahnen auf dem nassen Mani-Wall zu befestigen, bevor wir durch die weite, trostlos-karge Gerölllandschaft ins Tal hinabsteigen.

Ich spüre förmlich die Einsamkeit. Wir haben seit dem Sommercamp niemanden mehr getroffen. Wir sind allein mit der Natur und in der Natur. Ein großartiges Gefühl macht sich in uns breit. Selbst Chitor, der Yakbauer, strahlt in diesem Moment: Das ist sein Leben, das ist sein Glück.

Wir folgen einem Flusslauf und müssen ihn wiederholt queren, bevor plötzlich vor uns das fast fünfhundert Jahre alte Namgung-Kloster auftaucht. Als wir oberhalb vorbeigehen, erkennen wir, dass das schwere Erdbeben im Jahr 2015 sichtbare Spuren hinterlassen hat. Uns kommt eine junge Frau mit ihrem Pferd entgegen, Tenzin Sangmo. Sie ist auf dem Rückweg nach Saldang. Die 27-Jährige hat, so erzählt sie uns, den Onkel ihres Ehemannes besucht, der in den wenigen Sommermonaten als verantwortlicher Lama das Kloster wieder aufbaut. »Im Winter ist das Leben hier zu schwierig, dann gehen wir auf eine Pilgerfahrt zu den heiligen Stätten in Kathmandu«, sagt sie fast entschuldigend.

Wir beschließen, gemeinsam nach Saldang zu gehen. Ein Umweg für uns, aber eine gute Entscheidung, wie sich nach knapp zwei Stunden herausstellt, denn Tenzin kennt sich bestens in Saldang aus. Also trinken wir einen Tee mit Lama Labrang Dhondup, der als Amchi das traditionelle »Yuthok Norling Hospital« leitet. In seinem Sprechzimmer wirkt der 80-Jährige, als sei er einem Spitzweg-Gemälde entsprungen. In der gegenüberliegenden, renovierten Samje Choeling Gompa genieße ich einen Moment der Stille in diesen dreihundert Jahre alten Mauern.

Nach dieser kurzen Einkehr beginnt der letzte Tagesabschnitt: der Trail nach Namdo. Obwohl langsam Dunkelheit aufzieht, hören wir unter uns im Flussbett eine Yak-Karawane in die gleiche Richtung ziehen. Die gut ein Dutzend Tiere sind nicht schwer, aber voll beladen – mit langen Holzbrettern. Ich frage den Karawanenführer nach seiner bisherigen Tour.

»Ich bin vor drei Tagen an der tibetischen Grenze gestartet. Für uns gibt es nur dort Holz. Wir leben hier in einem Nationalpark, Abholzungen sind daher streng verboten. Aber diesmal ist es schwer, denn die Tiere können mit den langen Hölzern kaum laufen. Und ich kann sie auf den schmalen Trails oben, wo ihr geht, gar nicht führen. Also suche ich wie hier bei Saldang nach einem Flussbett. Aber ich bin froh, heute Nacht werden wir hoffentlich zu Hause sein.« Er erhält 5000 Rupien pro Tier für den Transport von seinem Auftraggeber. »Das ist ein guter Preis, aber trotzdem kann ich meinen Yaks so etwas nicht oft zumuten.« Er pfeift, ruft seiner Herde einen Befehl zu – und zieht weiter am Nagaon Khola Richtung Süden.

Wir können seinem Tempo nicht lange folgen. Der Regen kannte in den letzten fast zehn Stunden keine Pause. Wir sind durchnässt und frieren. Aber eine Stunde später zeigt uns eine Bäuerin das Haus von Pemma Wangchen, mit dem ich mich hier vor Wochen schon verabredet habe. Wir freuen uns auf etwas Wärme an einem Ofen und auf eine Tasse Yakbuttertee, gemixt von Lhazom Lama, Pemmas Mutter.

Den Tee bekommen wir schnell, aber dazu »serviert« Lhazom mir einen Brief und ich erkenne die Handschrift ihres Sohnes: »Ich bedauere meine Tränen nicht, da ich so traurig bin, dich nicht treffen zu können, mein Freund. Aber ich muss aus dringenden Gründen hinunter nach Dunai. Ich kann diese Arbeit nicht aufschieben. Bitte fühle dich in meinem Haus als Teil meiner Familie. Meine Mutter wird sich um dich kümmern wie deine eigene Mutter«, schreibt Pemma.

So ist das Leben der Dolpo-pa: »Wir können viel planen, aber was morgen sein wird, werden wir erst morgen erfahren«, wie mir ein Mönch im Kloster von Dho Tarap einst erklärt hat.

Ich schlafe in aller Ruhe ein, denn Pemmas Mutter tut genau das, was ihr Sohn versprochen hat: Sie umsorgt uns mit großer Warmherzigkeit.

Perfekte Lage am anderen Flussufer – Heiliges Chörten-Trio
auf dem Weg zwischen Saldang und Namdo

Gemeinschaft

Namdo

Was das Leben zusammenhält

Es gibt keinen Grund zur Hektik. Auch wenn Lhazom Lama schon in aller Frühe lautstark die Regentschaft über ihr Reich, die Küche, demonstriert. Wir schlafen in der Küche, der Lärm kann mein urigwohliges Gefühl trotzdem nicht verdrängen. Chitor ist bereits leise aufgebrochen. Er will nach Karang, Geschäfte machen, und in drei Tagen wieder in Bhijer sein, wenn alles gut geht. Wir werden unseren großartigen Begleiter in Tokyu wiedersehen, von wo aus wir mit Tsering gemeinsam den Heimweg antreten wollen. Wenn alles gut geht.

Ich streiche meine Matratze – es ist ein dicker tibetischer Teppich – noch einmal glatt und drehe mich ein letztes Mal zur Wand.

Pemma und ich haben uns vor gut einem Jahr kennengelernt. Der 28-Jährige lud mich ein zu seiner Hochzeit in Kathmandu, bei der sich gefühlt halb Dolpo versammelte. Seit Monaten standen wir nun schon in engem Kontakt für unser Treffen in Namdo, aber ich verstand, warum er nicht hier war, denn ich kannte den Grund: In Dunai sollte ein vermeintlicher Kunsträuber aus der Haft entlassen werden. Namen hatte er mir nicht genannt, aber ich kannte natürlich den Hintergrund, denn wir waren seiner Frau vor Wochen bereits in Dho Tarap begegnet. Sie war dort unsere Gastgeberin. Trotz seines jungen Alters fungiert Pemma dank seiner sehr guten Ausbildung und seines Engagements schon länger als eine Art Bürgermeister von Namdo. Als Kenner der Szene wollte er den Freispruch verhindern – was scheitern sollte, wie ich erfahren musste. Doch ich bin überzeugt, dass er in Zukunft eines der Gesichter Upper Dolpos sein wird. Vor allem im Bereich des Klimaschutzes hat er sich bereits über Nepal hinaus einen Namen gemacht: Er pflanzt Bäume, um das Tal zu begrünen und die Erosion einzudämmen – und er installiert Solarkocher, um alternative Energien nutzbar zu machen.

Abendliche Puja der Novizen in der Tashi Choeling Gompa oberhalb von Namdo

Friedliches Zuhause – Pemma Wangchen mit seiner Mutter Lhazom Lama,
einer warmherzigen Gastgeberin

Viele NGOs kümmern sich bereits um Schulen und das Gesundheitswesen hier im Upper Dolpo, doch ich hatte eine schwere Mangelernährung der Bewohner registriert, auf die zahlreiche Folgekrankheiten zurückzuführen sind. Gemeinsam waren Pemma und ich daher auf die Idee gekommen, besonders bedürftigen Menschen zu helfen, die sich kein Gemüse leisten können, aber auch nichts selbst anbauen. Seit meinem Lauf auf dem Great Himalaya Trail empfinde ich für diese Region und seine so eigenen Menschen eine besondere Nähe. Ich möchte etwas zurückgeben für das Abenteuer, das ich erleben durfte. Und dafür gründete ich das »Dolpo Project«. Die Idee: Mikro-Gewächshäuser, denn sie haben gleich einen zweifachen Nutzen. Im Sommer und Herbst gelingt der Gemüseanbau, im Winter sind die Häuser ideal, um sich darin aufzuhalten, denn die alten Steinhäuser sind in dieser Jahreszeit extrem kalt und eisig. Eine gute Idee mit einer komplizierten Umsetzung, denn fast das gesamte Baumaterial für die knapp 30 Quadratmeter kleinen Gewächshäuser muss herangeschafft werden – zumeist aus Kathmandu. Jeder Nagel, jedes Stück Holz und das Saatgut obendrein. Alles wird im März gekauft und der Bau, oft verantwortet von Wanderarbeitern aus Lower Dolpo, beginnt im Juli, wenn die meisten einheimischen Männer den Sommer mit den Herden auf den Almen verbringen. Allein die Steine für die Außenmauern stammen von hier.

Schwicrige Voraussetzungen, aber sie hielten uns nicht ab. Pemma sucht die Familien aus und kümmert sich um die Logistik in Nepal. Ich versuche die notwendigen Gelder aufzutreiben – was Dank interessierter Firmen und engagierter Privatpersonen tatsächlich im kleinen Rahmen gelungen ist.

In den nächsten Tagen wollten wir gemeinsam die fünfzehn Familien besuchen, die ein Jahr nach der Gründung des Projektes nun ein eigenes *greenhouse* besitzen. Eigentlich müsste ich nun allein die Besitzer finden, doch Pemma hat vorgesorgt: Sein Cousin Choying Norbu wird sich um mich kümmern.

Tatsächlich kommt Choying schon kurz nach dem obligatorischen Frühstück aus Tsampa und heißem Wasser und bietet sich als Guide an. Eine willkommene Idee, denn die Häuser von Namdo liegen weit verstreut an den Hängen des Namgkhong-Tals. Nach einer Dreiviertelstunde Fußmarsch auf einem von tagelangem Regen aufgeweichten Trail liegt unter uns die Shree Shahid Dharma Bhakta Basic School, in der Choying als Lehrer unterrichtet. Knapp achtzig Kinder werden hier nicht nur im Sommer betreut: dass die

Schule auch im Winter geöffnet ist, ist der Schweizer NGO »Schul-
verein Lo-Manthang« zu verdanken.

Choyang erzählt: »Im Winter kann es bis zu minus zwanzig
Grad kalt werden und es liegt hoher Schnee. Deshalb bieten wir
den Schülern im Winter an, in der Schule zu übernachten. Den
täglichen Heimweg von bis zu einer Stunde würden sie gar nicht
schaffen. Doch die Winterschule kostet uns fast 3000 Euro pro
Jahr – Geld, das häufig fehlt. Dann müssen wir improvisieren. Aber
irgendwie geht es immer weiter: So ist Dolpo.«

Auf der gegenüberliegenden Seite der baufälligen Klassenzimmer wird gerade das Fundament für zwei neue Gebäude gelegt, sie
sollen in zwei Jahren eingeweiht werden. Einheimische übernehmen die Arbeit: Je nach Anzahl der Kinder ist jeder Haushalt verpflichtet, sich an ein bis drei Tagen im Jahr an den Bauarbeiten zu
beteiligen, so hat es das Dorfkomitee festgelegt.

Nicht weit von der Schule entfernt, liegt auf der anderen Fluss-
seite das ehemalige Dechen-Ladang-Kloster, vor dessen Eingang
mich eine Frau, die auch Lhazom Lama heißt, begrüßt. Seit neun
Jahren lebt die 56-Jährige hinter den mehr als zweihundert Jahre
alten Mauern. Sie kam mit ihrem Mann her, dem ersten von der
nepalesischen Regierung bezahlten Lehrer. »Ein hartes Leben mit
viel Freude«, wie sie lächelnd erzählt. Und ihre positive Ausstrahlung verschwindet auch nicht, als sie in ungewohnter Offenheit
sagt: »Ich bin schon länger an Krebs erkrankt. Aber ich war zwei
Jahre zur Behandlung in Kathmandu. Die Therapie hat gewirkt.
Ich war überglücklich, aber wenig später ist mein Mann gestorben. Jetzt lebe ich mit meiner Schwester allein hier, denn auch die
Mönche von einst sind längst verstorben. Das Dechen Ladang ist
unser Wohnhaus. Was für ein schöner, heiliger Platz zum Wohnen.
Wir sind glücklich.«

Sie bietet uns Tee an, ihr Lächeln strahlt Zuversicht und Ruhe
aus, und ich habe das Gefühl, die alten Mauern des Klosters geben
ihr Halt und Kraft zugleich. Es kann kein Zufall sein, dass der Name
des Klosters übersetzt »der Ort des großen Glücks« bedeutet.

Als wir am frühen Abend wieder zurück zur Schule kommen,
machen sich die Einheimischen gerade nach einem langen Arbeits-
tag auf ihren Heimweg. Und so gehen wir alle zusammen weiter
Richtung Namdo. Als wir nahe eines Chörten haltmachen, bitte
ich Pema Dechen Tsawa, der für diesen Arbeitseinsatz die Aufsicht
trägt, um einen Gefallen: »Wäre hier nicht eine passende Stelle für
einen traditionellen Tanz?« Pema hat keine Einwände, will aber erst

Oben: Voller Optimismus – eine zuversichtliche Lhazom Lama
Unten: Aufstellung – Bewohner aus Namdo bereiten ihren Sharpo-Tanz vor.

mit den Frauen sprechen, deren Männer den Sommer über auf der Alm sind. Pema gelingt es, sie alle zu überzeugen.

Die Tänzerinnen nehmen in einem Kreis Aufstellung. Natürlich hat jemand seine Damyan dabei. Er gibt mit der nepalesischen Gitarre den dumpf-monotonen Rhythmus vor, den die Frauen aufnehmen. Ihr getragenes Singen hört sich wie Murmeln an, die Schritte wie ein Schlurfen – es klingt düster in der schnell heraufziehenden Dunkelheit. Doch die Frauen zeigen sich bestens gelaunt. Ihre Stimmung hebt sich merklich. Es besteht für mich kein Zweifel, sie fühlen sich an den Ort versetzt, über den sie singen: Ein wunderschöner Berg, an dessen Fuß sich sattgrüne Wiesen erstrecken und auf dessen Gipfel Schnee liegt, so weiß wie das Weiß einer Dungkar-Muschel. »Dieser Text wird auch oft in Puja-Andachten rezitiert«, flüstert Pema Dechen Tsawa mir zu.

Langsam wiegen sie sich im Kreis, jede fasst die Hände der Nebentänzerin. Der Sharpo-Tanz dauert gut fünf Minuten, doch die Zeit scheint langsamer zu vergehen – ein bewegender Augenblick, während die Berge Tibets am Horizont langsam im Schwarz des Himmels untertauchen.

Als der letzte Ton verklingt, jubeln alle. Andächtig setzen wir unseren Weg nach Namdo fort, wo die Tänzerinnen meist wortlos in ihren Häusern verschwinden. Am Morgen werden sie sich wiedertreffen. Bislang haben nur wenige ihren Anteil am jährlichen Arbeitseinsatz erfüllt.

Am nächsten Tag regnet es in Strömen. Die Ausgelassenheit kehrt nicht zurück. Es ist ein grauer Morgen, aber die Erinnerung an den unwiederbringlichen Moment in der lauen Sommernacht bleibt – uns allen.

Das Wetter zeigt sich unwirtlich. Wir lassen uns bis Mittag in der Küche Zeit. Als ich dann die Haustür öffne, bin ich mir sicher, dass er schon auf der Steinbank gegenüber wartet – und ich irre mich nicht: Lhakpa Dhargye sitzt dort, wo er schon die letzten Tage saß. Der Schmied des Dorfes arbeitet trotz seiner 76 Jahre weiter und das Dorf baut auf seine Kenntnisse und Hilfe. Lhakpa, der allein lebt, schaut mich freundlich an und ich sehe ihm seine schwere Arbeit ebenso wenig an wie die zwei Gläser »Wein«, die er täglich trinkt, wie alle in Dorf erzählen. Lächelnd sagt er die beiden englischen Worte, die ich schon kenne: »Greenhouse, please.« Ich höre seine Bitte, würde ihm auch gern helfen, aber ich kann nicht. Unser gesamtes Material ist in diesem Jahr verplant, neues können wir nicht mehr heranschaffen. Samdup erklärt Lhakpa unsere Lage, er hört zu, verabschiedet sich und geht. Ich habe keinen Zweifel: Morgen wird der Schmied zurückkommen.

Mit Choying treffe ich täglich weitere Besitzer von Gewächshäusern, die eines gemeinsam haben: Sie sind dankbar und freudig über das seltene Geschenk. Da ist Kusang Dolma Gurung, die von ihrem Traum erzählt, ihre Tochter werde eines Tages als Ärztin nach Upper Dolpo zurückkehren. Tsering Dolma Gurung zeigt mir, wie sie auf dem warmen Boden eines Gewächshauses ihren Webstuhl betreiben kann, während die fast blinde 76-jährige Witwe Palsang Gurung mich zunächst in ihr herrliches Gerstenfeld führt. Pema Dorje, der schon dreimal eine Ehefrau durch Krankheit verlor, entschuldigt sich, dass sein Dorf zu weit entfernt am Talhang liege, doch auch dort gibt es nun ein erstes Gewächshaus. Und auch die Schüler in der örtlichen Schule haben nun einen weiteren warmen Platz für den Winter: in einem unserer Gewächshäuser. Was für herrliche Momente mit glücklichen Menschen.

An einem endlich sonnigen Nachmittag starten wir mit Choying zu einem letzten Ausflug Richtung Berg, zu einem letzten Besuch. Nach etwa 40 Minuten stehen wir vor dem Haus von Kunsang Wangmo, die uns wie üblich mit Katas begrüßt, das Gesicht strahlt. »Wir kümmern uns um das kleine Kloster hier. Im Sommer ist es angenehm, aber im Winter ist die Hochlage extrem. Es ist so kalt und windig. Aber das eigene *greenhouse* hilft uns deshalb besonders. Im Sommer ernten wir Gemüse für die Mönche, die im Winter dort lernen können. Wir sind sehr dankbar«, sagt Kunsang, während ihre Mutter, die älteste Einwohnerin von Namdo, ihre Gebetsmühle ohne Unterlass kreisen lässt. »Da hinten liegen die Berge von Tibet«, zeigt mir die alte Frau voller Stolz. Und ich stimme zu: Was für ein Blick! Was für ein Platz für eines unserer Gewächshäuser, um im nächsten Jahr vielleicht Spinat, Chili, Kürbisse oder gar Tomaten zu ernten. Das Fehlen ihres Mannes entschuldigt Kunsang wortreich: Ihr Mann unterrichte im Winter als Lama, jetzt sei er als Bauer auf der Sommeralm.

Das ist ganz typisch, bestätigt uns wenig später Pema Thinley im nahen Tashi-Choeling-Kloster. Im Innenhof, wo ein Großteil der über dreißig jungen Novizen vor der abendlichen Puja, der Solka, noch einmal zusammen spielt und debattiert, stellt Pema einen Ruhepol dar, er wird weithin respektiert.

»Du bist hier ziemlich allein und trotzdem in einer verantwortungsvollen Position«, spreche ich ihm meine Anerkennung aus.

»Unser Amchi Pema Choepel Rinpoche ist unterwegs. Ich bin nur sein Stellvertreter. Der Rinpoche ist auch ein sehr guter Amchi,

fast täglich kommen bis zu zehn Patienten, die seine Hilfe suchen. Jede Hand wird gebraucht. In diesem Tal können wir es uns nicht leisten, zu viele reine Mönche, wir nennen sie Gelong, zu haben. Vielleicht gibt es noch zehn von ihnen.«

»Und die anderen?«

»Das sind Laien, wir nennen sie Getsul. Sie arbeiten, sie dürfen heiraten. Sie sind weit in der Überzahl. Aber sie sind so wichtig für unser Überleben.«

»Gibt es genügend Nachwuchs?«

»Die meisten Mönche, die Dolpo einmal verlassen haben, kommen nicht wieder. Sie bleiben lieber in der Stadt. Aber was ist denn dort? Es gibt viel zu viele Ablenkungen und Verführungen, da ist das wahre Lehren doch gar nicht möglich. Bei uns im Tal müssen Lamas und Mönche auch arbeiten, das ist gut so, denn so kommen sie nicht auf ablenkende Gedanken.«

Pema Thinley drängt uns zum Aufbruch, denn der Puja-Beginn ist nahe. Ich verabschiede mich aus einer Welt, die den jungen Novizen als wahres Zuhause dient. Beim Abstieg nach Namdo hören

Ein Dach über dem Kopf – Schüler im kargen Klassenzimmer
der Schule von Namdo

wir noch lange den Klang der Dungkar, der Schneckenhörner, und der Nga-Trommeln, dazu die Puja-Gesänge von Pema und seinen Novizen. Friedlicher kann der letzte Abend in Namdo kaum sein.

Nach Sonnenuntergang sitzen wir wie gewohnt ein letztes Mal in der Küche zusammen. Lhazom Lama hat Gemüse vom Feld geholt und damit Momo, gefüllte Teigtaschen, zubereitet. Es wird geredet, über den Tag und über das Leben. Lhazom spinnt Wolle, die sie in langen Wintertagen zu Kamlo, typischen Decken im Dolpo-Design, verarbeitet. Dazu spielt Norbu Dhondup Lama auf seiner Damyan. Pemma Wangchen hat mir den Kontakt zu seinem Nachbarn vermittelt, auch das stand in seinem Brief: »Du solltest deine Reiseroute ändern. Mein Schwiegervater, der Komang Tulku, erwartet dich in Komang. Es ist eine Tagesreise, und Norbu wird euch mit seinen Pferden sicher dorthin begleiten.« Und er fügte ein Versprechen hinzu: »Wenn du wissen willst, warum jeder Mensch eine Kraftquelle braucht, dann bist du beim Komang Tulku richtig!« Überzeugendere Worte für eine Änderung meiner Reisepläne könnte ich mir nicht vorstellen.

Wichtige Hilfe – der stolze Besitzer eines Gewächshauses, gespendet von Dolpo Project. Folgende Doppelseite: Perfekter Lagerplatz – stille Stunden hinter den Mauern der Shel Gompa bei Namdo

Kraftquellen

Von Namdo nach Shimen

Materieller Besitz kennt keinen Wert

Lhazom Lama legt mir eine Kata um den Hals und überreicht eine Kamlo, eine Schafwolldecke aus eigener Produktion. Es gibt kaum ein Geschenk, welches zum Abschied mehr Achtung gegenüber dem Fremden ausdrücken könnte.

Wochenlang saß Pemmas Mutter dafür in ihrem Gewächshaus am mittelalterlich anmutenden Webstuhl. »Ich würde mich niemals an einen neuen Stuhl setzen«, sagt sie mit einer Bestimmtheit, die keine Fragen offenlässt.

Wieder bin ich überrascht, wie schnell ich mich auch hier heimisch gefühlt habe, in dieser erst so fremden Welt. Vielleicht liegt es daran, dass in der Einsamkeit jeder zu jeder Zeit an jedem Ort willkommen ist, weil schon wenige Tage später aus dem Gastgeber ein Reisender werden kann, der ein Dach über dem Kopf braucht, einen Platz am wärmenden Ofen, Futter für sein Pferd oder der einfach Geschichten über das Leben austauschen möchte. Diese Art des bedingungslosen Willkommens nach Dolpo-Art ist zum Überleben unabdingbar.

Wir starten mit Norbu Dhondup – Lama, Bauer und Musiker in einer Person, also ein Getsul, ein Laienmönch. Schon nach kurzer Zeit lässt der 50-Jährige die Pferde hinter sich laufen und legt die Damyan um, deren Klang für mich in den letzten Tagen zum »Sound of Namdo« geworden ist.

Norbu singt natürlich von der Schönheit der Natur, von einem Ort in Tibet: einer Berglandschaft – so grün das Gras, so weiß der Schnee und mit Wiesen voller Blumen. Er singt von alldem, was ich selbst so gern sehen würde, doch der Himmel taucht die Szenerie wieder in ein blasses Grau, während über den Bergen schwere Gewitter niedergehen.

Respekt und Zuneigung – Gastgeberin Lhazom Lama verabschiedet den Autor mit einem besonderen Geschenk, einer selbstgewebten Kamlo

Oben: Gütiger Heiliger – Komang Tulku in seinem Gebetsraum
Unten: Stolze Schönheit – Dolpo-pa-Quartett in typischer Tracht

Nach einer knappen Stunde Fußwegs stehen wir auf der anderen Talseite direkt gegenüber von Namdo. Ein letzter Blick auf einen Ort, an dem ich mich wohl und willkommen gefühlt habe. Dann beginnt der Aufstieg über einen steinigen Trail, dessen Botschaft untrüglich ist: Nur wenige Spuren sind zu erkennen. Komang führt offensichtlich ein Leben im Abseits, Besucher kommen noch seltener dorthin als nach Saldang oder Namdo. Vom Pass Komang La auf knapp 4600 Metern Höhe sehen wir erstmals das Dorf mit seinen grünen Feldern. Bei unserer Ankunft stellen wir fest: In diesem Jahr beherbergt das ansonsten stille Tal für vier Tage ein großes Zeltlager als Treffpunkt für eine Art »Bundesjugendspiele« der Dolpo-pa, wozu sieben Schulen ihre Teams geschickt haben. Neben Fußball werden ebenso Sieger gesucht im Tanz, Vorlesen von Gedichten und Schönschreiben in Tibetisch. Für die über zweihundert Schüler ist es der Höhepunkt des Sommers, jedes Jahr ist ein anderes Dorf der Gastgeber; für die Lehrer bietet es einen wichtigen, aber seltenen Austausch zwischen den Schulen, die sonst durch tiefe Täler und hohe Pässe getrennt sind.

Am östlichen Dorfrand duckt sich eine Gruppe Häuser, zu denen auch die »Residenz« des Komang Tulku gehört. Doch Seine Heiligkeit fungiert als Schirmherr des Schulfestes und ist somit beschäftigt. Es bleibt also genug Zeit, sich am Ofen in der Küche aufzuwärmen und auf die nächste Portion Dal Bhat zu warten. Mir ist das heute ausnahmsweise sehr willkommen – ein kulinarischer Vorteil, den ich besonders zu schätzen weiß, denn zuvor haben etliche Einheimische versucht, mich beim Schulfest zum Essen einzuladen. Auf ihrem Speiseplan steht an diesem Abend: Thukpa, tibetische Nudelsuppe, mit gekochtem Schafmagen aus riesigen Kochwannen für bis zu fünfzig Personen. Ich suche schnell das Weite, genieße Dal Bhat und die Ruhe in der Tulku-Küche – und gehe früh ins Bett. Tatsächlich, seit langer Zeit liegt mein Schlafsack mal wieder auf einem richtigen Bett. »Wie gemütlich«, schwärmt selbst Samdup, der nur zu gut weiß, wie kalt die Nächte im Himalaya sein können.

Meine Audienz am nächsten Morgen beginnt im Anschluss an die Puja, zu der sich der Komang Tulku schon in aller Frühe

Folgende Doppelseite: Chörten am Dorfende von Komang weisen den Weg Richtung Shimen.

zurückzog. Es mag an der Empfehlung von Schwiegersohn Pemma Wangchen liegen – der hochverehrte Heilige zeigt sich bei meinem Erscheinen in äußerst aufgeräumter Stimmung. Sein Altarraum ist prächtig geschmückt mit farbenfrohen Thankas und zahlreichen Buddha-Statuen, auf die das erste Sonnenlicht hereinfällt.

»Viele Dolpo-pa vermitteln oft einen glücklichen Eindruck, obwohl ihr Leben so hart ist. Gibt es in Upper Dolpo einen Schlüssel zum Glück?«, frage ich.

»Wir glauben an Karma, und so wissen wir, nach dem Tod können wir nichts mitnehmen. Materielle Dinge haben also zu Lebzeiten keinen großen Wert. Nach dem Tod können wir nur unseren Geist (er verwendet das englische »mind«) mitnehmen, und dieser Geist wird durch unsere Taten zu Lebzeiten geprägt; er ist es, der unser Karma bestimmt. Dieses Wissen macht uns fröhlich.«

»Spielt Achtsamkeit auf dem Weg dorthin eine Rolle?«

»Es gibt zwei Wege, den Zustand einer besonderen Achtsamkeit zu erreichen. Ich erkläre dir zunächst den inneren Weg. Wenn du Stress hast, ziehe dich am frühen Morgen an einem ruhigen Ort zurück und nimm eine Yoga-Position ein. Lass alles, was du getan hast, aus deinem Körper heraus. Vergiss die Vergangenheit und denke nicht an die Zukunft. Schaue nur auf diesen aktuellen Moment. Denke an das, was du fühlst. Denke nicht an die Dinge, die dich stressen können. Versuche es am Anfang eine Minute, dann länger und länger, von Tag zu Tag. Es ist nicht einfach, wir können es aber lernen. Am besten ist es bei Sonnenaufgang. Viele Menschen versuchen diesen Weg, aber sie können sich aus ihren ablenkenden Gedanken nicht befreien. Deshalb kann es helfen, in den blauen Himmel zu schauen.«

Wir sitzen in seinem Altarraum, also können weder der Tulku noch ich den blauen Himmel erblicken, doch der Heilige greift zu einer musikalischen Alternative. Mit einem Schlegel gibt er auf seiner Trommel den Takt zur Rezitation eines Mantra vor. Der dumpfe Klang erzeugt kleine Wellen auf seiner noch gut gefüllten Tasse mit grünem Tee. Hinter dem Tulku leuchtet ein Thanka mit dem sagenumwobenen Guru Rinpoche (oder Padmasambhava). Links daneben leuchtet das Abbild eines Gurus, der verspricht, Unglück abzuwenden und Schutz gegen alles Negative zu bieten – eine ziemliche Herausforderung im krisengeschüttelten Leben der meisten Dolpo-pa. Nach dieser kurzen musikalischen Unterbrechung setzt Komang Tulku seine Antwort fort.

»Lass uns nun zum äußeren Weg kommen: Dabei geht es vor allem um das Atmen. Wir nutzen, ohne sie auszusprechen, die Laute »om«, »ah« und »hum«. Jeder besitzt für uns eine besondere Bedeutung, die mit der Energie und der Reinigung des Körpers zu tun hat.«

Doch der Tulku belässt es erneut nicht bei Worten: Er nimmt seine Yoga-Position ein. Der Aufforderung, es ihm gleichzutun, kann ich mit meinem eher steifen Körper nicht nachkommen, werde dafür aber mit einem herzhaften Lachen bedacht. Zumindest kann ich der Atemtechnik folgen – Einatmen durch die Nase, heben der Bauchdecke, intensives Anhalten des Atems und bewusstes Ausatmen, so lässt sich das Om-ah-hum-Mantra für mich beschreiben.

»Diese Übungen werden auch Geist und Gedanken frei machen und Stress reduzieren. Wer wirklich in dieser Art der Übung Erfahrung besitzt, der erliegt nicht mehr der Versuchung, dem Geld hinterherzulaufen. Das ist keine buddhistische, sondern dies ist eine Übung für jeden, der den Weg zum Glück gehen möchte.«

Zum Weg ins Glück ist es wohl noch sehr weit für mich, doch die Terrasse vor dem Altarraum betreten wir mit wenigen Schritten. Die Sonne taucht die in leichten Morgennebel gehüllte Landschaft in ein goldenes Lichtmeer. Ich zweifele nicht: Hier hat die Zufriedenheit einen Stammplatz gefunden.

Der Komang Tulku saugt die frische Morgenluft und die Landschaft förmlich in sich hinein, breitet die Arme aus. »Das Leben und die Menschen selbst entwickeln sich langsam zu einem Regenbogen. Früher gab es nur eine Farbe, heute gibt es auch für das Leben in Dolpo eine ganze Farbpalette. Aber unsere Gesellschaft basiert seit vielen Generationen auf dem Überliefern von Traditionen und den Grundwerten des buddhistischen Glaubens. Jeder Mensch braucht eine Kraftquelle, auch wir Dolpo-pa.«

Bis zum traditionellen Frühstück ist es nicht mehr lang hin. Den restlichen Morgen verbringe ich mit dem Tulku und seiner vielköpfigen Familie in der Küche. Zwei Stunden und vier Yakbuttertees später versucht mich der 49-Jährige zu überreden, doch an seiner Seite beim Sportfest zum Essen zu bleiben. Nach einem kurzen Blick in die Feldküche lehne ich dankend ab. Das Menü kenne ich bereits vom Vorabend, es besteht auch heute aus Thukpa und Schafmagen.

Wir starten nach Shimen, ein vergleichsweise leichter Weg. Wir können noch weit vor Sonnenuntergang in den östlichen

Außenposten Upper Dolpos gelangen und sind dann schon sehr nahe an der Grenze zu Tibet und damit China. Bereits drei Stunden später sehen wir vom 4260 Meter hohen Shimen-La-Pass unser Ziel: Das Dorf liegt in einer grünen Oase, umgeben von einer grauen, trockenen Steinwüste.

Noch eine halbe Stunde und wir werden nach einer Unterkunft suchen, denke ich, als plötzlich ein großer Gegenstand, wohl ein Stein, neben mir den steilen Abhang hinunter ins Tal stürzt. Kurz danach höre ich das Schreien von Norbu Dhondup Lama, der mit seinen beiden Pferden noch etwas höher am Hang steht, doch ich brauche einige Sekunden, um das Geschehen zu verstehen. Zu spät, denn im nächsten Moment sehe ich den Großteil meiner Ausrüstung in den Fluten des Panjyan Khola versinken. Norbu stürzt hinunter Richtung Fluss und es gelingt ihm tatsächlich, etwas unterhalb der Unglücksstelle die schwere Kiste aus den reißenden Fluten zu ziehen.

Ich verliere jegliches Zeitgefühl, während wir am Flussufer den Schaden begutachten: Kameras, Laptop, Papiere, Pässe, Kleidung – alles ist völlig durchnässt. Alle technischen Geräte sind zerstört. Doch ich habe Glück im Unglück: Wäre die Metallkiste abgetrieben worden, wäre der Ausgang unserer Reise völlig ungewiss gewesen. So aber stehen wir am Ufer, lassen Pässe und Papiere in der Abendsonne trocken und ich tröste einen tieftraurigen Pferdeführer.

»So etwas kann passieren, Norbu«, versuche ich ihn zu beschwichtigen.

»Mir ist noch nie ein Seil während eines Transports gerissen. Und dann auch noch direkt am Hang«, klagt er schier untröstlich, auch noch als wir im nahen Shimen in einem heruntergekommenen Bauernhaus ein überaus bescheidenes Lager finden – zum Glück nur für eine Nacht, die ich allerdings mit einer Vielzahl unterschiedlicher, mir zum Teil unbekannter Kleintiere in einer völlig verdreckten Küche verbringe.

Bevor ich spät einschlafe, erinnere ich mich fast wehmütig an den goldgelben Morgen in Komang, an das herrliche Bett beim Komang Tulku und an seine Worte: »Jeder Mensch braucht eine Kraftquelle.« Meine ist in dieser Nacht weit, sehr weit weg.

Oben: Schadensbegutachtung – nach dem Wasserunfall beim Abstieg
Richtung Shimen. Unten: Norbu Dhondup – auch auf dem längsten Weg
bleibt Zeit für eine musikalische Pause.

Loslassen

Von Shimen nach Tokyu

Zu viel Nachdenken führt zu Verwirrung

Es gibt Nächte, in denen beruhigt vor allem die Hoffnung auf den Morgen, wenn die trägen Stunden des Wachens endlich vorbei sind. Die Nacht in Shimen hat alles, um für mich in diese Kategorie zu gehören. Vielleicht war es ein Zeichen, auf das ich am Abend zuvor hätte besser achten sollen: Die Besitzer des Bauernhauses, in dem wir Unterkunft fanden, kochten nicht in ihrer Küche, sondern draußen in einem Zelt.

Ich kann sie nun verstehen, denn meine Nacht in ihrer Küche war im wahrsten Sinne des Wortes ekelhaft. Allerdings gab es keine Alternative, denn auch in Shimen, wie in vielen Dörfern zuvor, finden sich für Reisende keine offiziellen Möglichkeiten zum Übernachten. Und an mein Zelt hatte ich nicht gedacht.

Draußen brennt die Sonne von einem blauen Himmel, endlich mal wieder. Shimen befindet sich schon seit aller Frühe im Feiermodus. Es herrscht eine heitere, geradezu ausgelassene Stimmung, denn das Dorf erwartet Besuch: Mit Seiner Heiligkeit Thartse Khen Rinpoche hat sich seit Jahrzehnten der ranghöchste Geistliche in Shimen angekündigt.

Der angesehene Vertreter der buddhistischen Sakya-Tradition, der seine religiöse Heimat eigentlich im nahen Upper Mustang hat, will in der örtlichen Schule die Gläubigen empfangen und segnen. Grund genug, im Osten Dolpos in heller Aufregung zu sein, denn hier genießen die Heiligen bei Alt und Jung Kultstatus.

Obwohl sich die Ankunft um fast drei Stunden verzögert, umweht den Einmarsch der Gäste ein Hauch feierlicher Begeisterung. Begleitet von Enrico Bonfanti, einem Schweizer Rechtsanwalt und Philanthropen, der Shimen seit Jahren finanziell unterstützt, und geleitet von Mönchen mit Dungchen (Langhörnern) und Jialing (kleinen Flöten), reitet der Rinpoche auf einem Schimmel, das

Mit Geduld zur Belohnung – Gläubige warten auf den Segen des Thartse Khen Rinpoche

Gesicht von einer strahlend gelben Schirmmütze geschützt, bis zum halb verfallenen Chörten in der Dorfmitte. Zum dumpfen Klang der Rnga-Trommeln und dem Gesang der komplett angetretenen Schülerschaft der Shree Tsering Dolma Primary School schreitet der Rinpoche in den Pausenhof der Schule, wo sein improvisierter Thron aufgebaut ist. Dabei verliert sich die Szenerie in dichtem Rauch aus Wacholder- und anderen Brandopfern. Es herrscht ein unglaublicher, aber feierlicher Rummel.

Nach einer kurzen Puja reihen sich die Gläubigen, inzwischen sind es mehr als dreihundert, zum Empfang des Segens in langen Schlangen auf – ein Bild von geradezu traditioneller Schönheit: Alle Frauen tragen ihre typische schwarze, mit wenigen bunten Streifen verzierte Kamlo-Tracht, die von einer großen silbernen Brosche, der Dekra, filigran zusammengehalten wird. Am auffälligsten erstrahlen an diesem Feiertag jedoch die selten präsentierten Tripko. Die schweren, geschwungenen Kopfbedeckungen dürfen ausschließlich von verheirateten Frauen getragen werden und wechseln in strenger Erbfolge nur von Schwiegermutter zu Schwiegertochter die Besitzerin.

Routiniert und gelassen verteilt Seine Heiligkeit den Tsebum, den Segen aus der »Vase für ein langes Leben«, und berührt ihm gereichte Katas, um sie mit seiner Kraft zu »stärken«. Am Ende bekommt jeder Gläubige von einem Mönch der Rinpoche-Entourage einen zuckersüßen Tseril. Die mit einheimischen Kräutern rot gefärbte Kugel aus Yakbutter, Tsampa und Zucker gilt als Symbol für den Wunsch nach einem »langen Leben«.

Nach fast zwei Stunden – vielleicht ist es die Hitze oder der permanent in dicken Schwaden herüberwehende Rauch – tangiere ich die Grenze zwischen Realität und Trance. Ich nehme das Geschehen erst wieder voll wahr, als ich in der Menschenmenge Tenzin Norbu Lama erkenne, den populärsten Künstler der Region, dem man durchaus eine globale Bekanntheit bescheinigen kann. Ich dränge mich durch die Gläubigen.

»Was machst du hier?«, frage ich Tenzin, als ich endlich in seiner Nähe stehe.

»Mein Heimatdorf ist Tinje, ganz in der Nähe. Bei einem so seltenen Besuch eines Rinpoches wollte ich dabei sein. Mein Freund Enrico hat mich zu diesem Feiertag eingeladen.«

»Sehen wir uns beim Mittagessen?«, rufe ich ihm noch hinterher, bevor Norbu, er nickt kurz, von der Menschenmenge weitergeschoben wird.

Oben: Gut behütet – verheiratete Frauen lassen sich an diesem Morgen
an ihrer Tripko erkennen. Unten: Improvisierter Thron –
der Thartse Khen Rinpoche während seiner Puja in Shimen

Der Segen des Rinpoche mag die Herzen erweichen, doch die Einladung zum gemeinsamen Mittagessen stärkt in Shimen definitiv Leib und Seele. Natürlich gibt es Dhal Bhat. In einem Nebenzimmer der Schule kann ich mich mit Tenzin unterhalten. Er kommt aus einer über fünfhundert Jahre alten Familientradition von Thanka-Malern und arbeitete als lokaler Berater für Éric Valli bei dessen Filmprojekt *Himalaya – Die Kindheit eines Karawanenführers* mit. Eine Zeit, die Tenzin künstlerisch stark beeinflusste, und so veränderte er später seinen traditionell geprägten Malstil hin zu einem plakativen, farbenfrohen Ausdruck, aktuell und teilweise durchaus sozialkritisch. Dieser Stilwandel galt für die Thanka-Szene des nepalesischen Himalayas anfangs als ein ungeheuerlicher Tabubruch, dem Tenzin allerdings seinen Sprung in die internationale Galeriewelt verdankt.

»Du bist international bekannt. Aber unser Leben geht nicht immer bergauf. Krisen und Krankheiten können uns zurückwerfen. Wer wüsste das besser als die Menschen in Upper Dolpo, für die solche Schicksalsschläge fast immer zum Alltag gehören?«

»Krisen im Leben belasten uns natürlich – überall auf der Welt. Wir können aber auch positive Aspekte entdecken: Sie bieten Zeit für einen Moment der Ruhe. Diese Ruhe kann wichtig sein, denn sie lässt uns weniger Pläne machen, sie ist gut für den Körper, sodass wir neue Kräfte sammeln können. Aber Krisen sind schlecht für den Geist.«

»Wie kann man sich vor diesen negativen Einflüssen schützen?«

»Das Problem ist der Mensch selbst. Viele wollen immer mehr, sie arbeiten mehr und beklagen sich dann, dass sie zu viel arbeiten und kaum Ruhe haben. Wenn sie nicht arbeiten, beklagen sie sich ebenfalls. Was lernen wir: Ohne Arbeit ist der Mensch nicht glücklich.«

»Warum verfügen viele Menschen in Upper Dolpo trotz aller Entbehrungen über eine gewisse Zufriedenheit?«

»Es gab früher wenig Hoffnung. Uns machte das zufrieden, was es gab. Wenn die Ernte eingebracht war, dann sagte man: Herrlich, nun haben wir ein Jahr lang etwas zum Essen. Perfekt. Diese Einstellung geht verloren. Schuld daran sind Geld und aufkommender Reichtum. Immer mehr Menschen reicht es nicht mehr, nur die Ernte einzubringen. Sie beginnen Häuser zu bauen – in Dolpo, in Dunai oder sogar in Kathmandu. Sie versprechen sich davon Glück, doch dieses Glück ist flüchtig. Unser Gott ist jetzt das Geld. Wir müssen wieder lernen uns zu beschränken. Früher hatten wir

weniger Möglichkeiten und waren glücklich. Heute haben wir eine große Auswahl, aber wo ist unser Glück geblieben?«

»Was können wir im Westen von den Menschen und ihrem Leben in Upper Dolpo lernen?«

»Manchmal denken die Leute: Was habe ich für ein schönes Leben. Aber wenn sie zurückschauen, erkennen sie: Wie schön war es doch eigentlich früher. Dies gelingt uns jedoch erst, wenn wir neue Erfahrungen machen und diese mit alten Erfahrungen vergleichen können. Du kannst einem Kind sagen: Fass den heißen Topf nicht an! Das Kind wird es trotzdem tun, weil es seine eigenen Erfahrungen machen will und aus diesen für die Zukunft lernen wird.«

»Aber in der westlichen Welt folgt eine Erfahrung auf die nächste. Das Leben ist viel zu schnell geworden.«

»Man muss sich kontrollieren. Wir machen uns oft selbst den Stress. Doch in der Hektik liegt selten ein schönes Leben. Wir müssen uns entscheiden: viel Arbeit und viel Ruhm – oder Ruhe? Ich bin Künstler, ich bekomme so viele Anfragen für Arbeit. Aber: Ich

Gute Ausstrahlung – Tenzin Norbu Lama, Gläubiger und Künstler, verschafft Upper Dolpo international Aufmerksamkeit und Ansehen.

habe keine elf Hände wie ein Buddha. Ich arbeite von acht bis sechzehn Uhr dreißig. Dann gehe ich auf mein Zimmer und habe Zeit für mein Leben, und dazu gehört auch eine Stunde zum Beten. Wir brauchen in unserem Leben Selbstkontrolle. Und zu viel Nachdenken kann in Verwirrung enden, denn es belastet.«

»Wie können wir eine Selbstkontrolle lernen?«

»Wir müssen das Smartphone auch mal beiseitelegen. Einmal am Tag, eine bestimmte Zeit. Es ist eine Art Samsara, eine Zeit des Loslassens und des sich neu Zentrierens. Um sich mal aus der Gesellschaft auszuklinken. Keine Nachrichten, keine Kommunikation. Einfach mal abschalten.«

»Klingt nach *downsizing*, also alles etwas zurückfahren, reduzieren.«

»Das einfache Leben macht auch glücklich. Einfache Kleidung, einfaches Essen. Ich war inzwischen über dreißig Mal in Frankreich. Aber bis heute habe ich nicht verstanden, dass beim Essen im Restaurant oft vier Gabeln, vier Messer und drei Löffel vor mir liegen. Dazu drei verschiedene Gläser. Warum brauchen wir so eine große

Puja am Morgen – eine alte Bewohnerin von Shimen
auf dem Weg zum dörflichen Chörten

162

Auswahl? Ich hatte in meiner Jugend in Dolpo eine Schale. Aus dieser Schale habe ich am Morgen gegessen und getrunken, ebenso wie zu Mittag und am Abend. Eine Schale, immer dieselbe – und ich war trotzdem zufrieden. Siehst du, es geht auch reduzierter.«

»Was ist dir von all den Reisen nach Frankreich, Spanien, in die USA und in die Schweiz in Erinnerung geblieben?«

»Als ich einmal geflogen bin, habe ich gedacht: Oh, in was für einem Tunnel sitze ich denn hier. Es fühlte sich an wie in einem Tunnel, einem Schlauch. Dann habe ich aus dem Fenster geschaut und ein anderes Flugzeug gesehen. Das war so klein wie ein Vogel, ganz klein unter mir. Da habe ich gemerkt, wie unbedeutend ich eigentlich bin. Wenn wir sterben, ist der Körper gar nichts mehr. Aber unser Geist wird weiterleben, das ist sehr wichtig. Er kommt in ein anderes *Guesthouse*. Wir Dolpo-pa sind überzeugt, dass unser Leben in einem gewissen Sinne weitergeht. Ihr im Westen glaubt dagegen, es sei mit dem Tod alles vorbei. Wir haben mehr Hoffnung auf ein neues Leben danach und das ist für uns zugleich Motivation.«

Draußen drängt es den Thartse Khen Rinpoche zum Aufbruch und so verabschiedet sich Tenzin Norbu. Auch für Samdup und mich wird es höchste Zeit, Shimen zu verlassen. Wir müssen am Abend in Tokyu sein, wir sind mit Tsering Sumjok verabredet.

Während wir auf den Rinpoche warteten, hat Samdup vier eher halbstark wirkende Jungs aus dem Dorf angeheuert, die nun mit ihren Motorrädern vorgefahren sind. Nach längeren Verhandlungen und drei spontanen Preiserhöhungen machen wir uns auf den Weg: Zwei Maschinen für das Gepäck, auf den anderen zwei Maschinen sitzen Samdup und ich als Beifahrer. Nach kurzer Strecke habe ich keine Zweifel: Vor uns liegt eine der gefährlichsten Pisten Südostasiens. Es muss ja kein Führerschein sein, aber Fahrpraxis wäre für dieses Abenteuer eine wichtige Voraussetzung, doch auch daran fehlt es wohl unserer Crew – kein Wunder: Erst seit wenigen Wochen gibt es die Straßenverbindung von der tibetischen Grenze nach Shimen, über die auch die Motorräder nach Upper Dolpo gekommen sind. Und unsere Strecke nach Tokyu ist offiziell noch gar nicht fertiggestellt und eröffnet. Dafür sparen wir uns einen dreitägigen Fußmarsch. Wenn alles gut geht, werden wir in dreieinhalb Stunden am Ziel sein.

Tinje, die einzige Ortschaft entlang der Strecke, sehen wir nach einer halsbrecherischen Fahrt über einen zumeist schmalen Trail oberhalb des Panjyan Khola. Danach weitet sich das Tal, die Piste

wird breiter und wir gewinnen an Geschwindigkeit, bis nach knapp zwei Stunden eine Abbiegung Richtung Westen führt und der Weg deutlich ansteigt. Der Regen geht wieder einmal in Schnee über. Am Horizont wölbt sich ein Regenbogen über der kahlen Berglandschaft, was unsere »Piloten« mit einem Lächeln quittieren. Am Chhoila-La-Pass ist mein Körper so steif vor Kälte, dass ich beim kurzen Halt kaum vom Motorrad steigen kann und Schwierigkeiten habe, den Höhenmesser unter meiner Jacke hervorzuziehen. Auf dem Display erkenne ich zitternd: 5051 Meter.

Bei der anschließenden Schussfahrt ins Tal schließe ich die Augen. Mögen die Götter bei uns sein, auch wenn ich auf dem Chhoila keine Gebetsfahnen hissen konnte!

Eine halbe Stunde später tauchen die ersten Häuser von Tokyu im Tal auf. Wir sind am Ziel – auch unsere Crew johlt vor Freude, denn sie startet sofort ins nächste Abenteuer: Durch die Nacht zurück nach Shimen, was kann es Schöneres geben, wenn man ein verwegener Jugendlicher ist und keinen Führerschein benötigt.

Gefährliches Abenteuer – auf der ersten Straßenverbindung
von Shimen nach Tokyu unterwegs, erst vor wenigen Wochen eröffnet

Samdup und ich genießen hingegen die Ruhe, sitzen am Ofen einer bescheidenen Unterkunft bei Tee und Apfelpfannkuchen. Es gibt definitiv Schöneres als eine Motorradtour nach Shimen, da bin ich mir sicher. Ob es auch viel Abenteuerlicheres gibt, da habe ich meine Zweifel.

Endlich die Chance auf »cool« – die Motorrad-Gang nach glücklicher (und unfallfreier) Ankunft im Tal von Dho Tarap

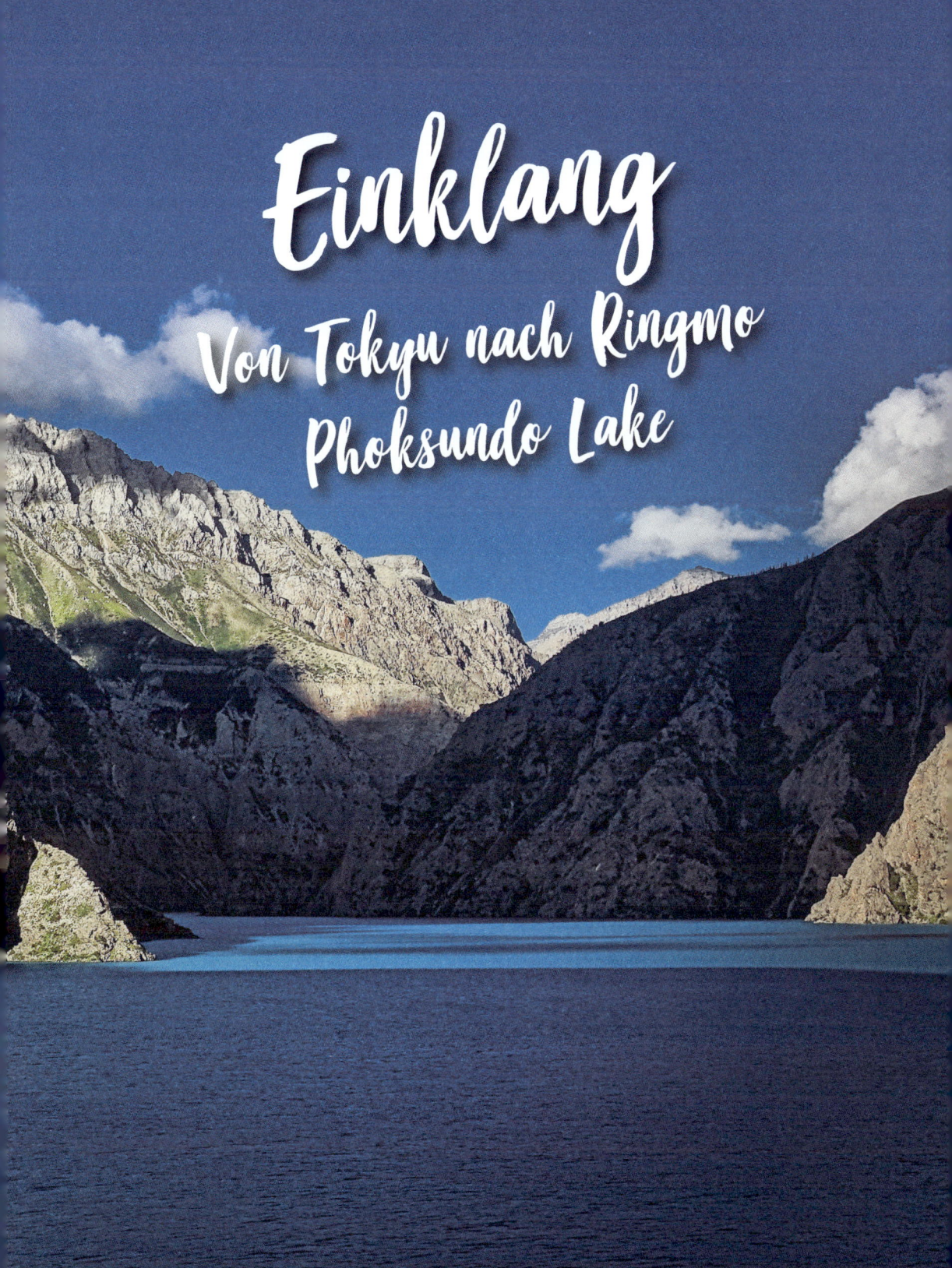

Einklang

Von Tokyu nach Ringmo
Phoksundo Lake

Lust und Last der Einfachheit

In der Morgendämmerung rolle ich meinen Schlafsack zusammen. Chitor hat die Pferde bereits von einer nahen Alm geholt, die Tiere warten angebunden vor dem Steinhaus. Als Frühstück hat uns die Wirtin bereits am Abend zuvor wortlos eine Thermoskanne mit warmem Wasser vor die Zimmertür gestellt.

Wir trinken, vor Kälte zitternd. Wenn in der Dunkelheit unsere Stirnlampen kurz aufleuchten, erkennen wir einander an den langen Hauchfahnen unseres Atems, die wie Nebelschwaden durch den Raum wabern. Trotz der klammen Kälte und der kurzen Nacht fühle ich mich wohl. Dabei wartet auch an diesem Tag eine Herausforderung: Wir wollen bis in das über 30 Kilometer entfernte Ringmo wandern, eine weite Strecke mit vielen Anstiegen, aber genau aus diesem Grund haben wir gestern einen Ruhetag eingeplant.

Eine gute Entscheidung, denn weder Tsering Sumjok noch ihr Bruder Chitor treffen zum lang verabredeten Zeitpunkt in Tokyu ein. Also genießen Samdup und ich die strahlende Sonne. Milde Luft zieht durch das Tal, als wir hinunter nach Dho durch goldgelbe Getreidefelder laufen. Die Erntezeit steht bevor.

Als wir am Nachmittag wieder zurückkehren, bleibt mir eine eher traurige Erkenntnis: Seit unserem ersten Halt vor einigen Wochen hat der Motorradverkehr auf der »Straße« zwischen Dho und Tokyu erheblich zugenommen. Mit was für einem Tempo sich der Wandel vollzieht!

Ich erinnere mich an mein Gespräch mit dem Dolpo Tulku, bei dem wir uns auch über die Zukunft des Tales unterhielten. Schon damals wurde mir klar, dass zwischen der Suche eines Fremden wie mir nach Romantik und dem entbehrungsreichen Leben der Einheimischen Welten liegen. Sie werden sich in Zukunft nur schwer auf einen gemeinsamen Nenner bringen lassen.

Soweit das Auge reicht – Täler-Landschaft auf dem Weg nach Danigar

Ich habe seine Bedenken noch gut in Erinnerung: »Immer wieder höre ich von Ausländern: Bitte verändere nicht dein Dorf, lass alles so wie es ist. Aber das sagen Leute, die aus der Distanz einen flüchtigen Blick auf unser Leben werfen. Sie kommen mit Trägern, mit Guides, die vielleicht auch noch einen Stuhl dabeihaben, oder sie kommen gleich mit dem Hubschrauber. Aber sie haben keine Ahnung, was es bedeutet, hier zu leben. Ich würde ihnen raten: Bleibt mal einen ganzen Monat. Ohne abgepacktes Essen, ohne fließendes Wasser und

Genussvolle Einladung – Serap Lama, Mönch im Kloster Thasung Tsholing am Ufer des Phoksundo Lake, wird dem Autor gleich einen Instant-Kaffee anbieten – die Vorfreude ist (bei beiden) zu erkennen.

ohne Toilette. Alles Wasser müssen wir mühsam vom Fluss holen. Manchmal dauert das Stunden. Wir benötigen bessere Lebensbedingungen. Und deshalb brauchen wir eine Straße. Für viele Dinge, die in Kathmandu zehn Rupien kosten, müssen wir in Upper Dolpo hundert bezahlen, weil allein der Transport so schwierig und teuer ist.«

»Das Leben und der Alltag könnten sich dadurch aber völlig verändern.«

»Ja, leider wird beim Straßenbau nicht auf den Erhalt religiöser Stätten geachtet. Kaum jemand zeigt Respekt für unsere historischen Orte, das stimmt mich sehr traurig und nachdenklich«, ließ er seinen Befürchtungen freien Lauf.

Bei unserem Ausflug habe ich die deutlichen Zeichen gesehen: Die Zukunft ist angekommen und wird sich im Tal nicht mehr aufhalten lassen. Und dann wird sie schnell Namdo und Saldang erreichen. Dabei muss ich an Kartse in Bhijer denken. Eines gar nicht mehr fernen Tages wird die Straße auch sein Dorf erschließen und die Motorradfahrer werden sich freuen, denn wie sagte der Schneider: »Platz zum Parken haben wir genug.«

Wir sitzen längst wieder am wärmenden Feuer unserer Unterkunft, als die Küchentür aufgeht und Tsering Sumjok mit ihrem Bruder Chitor eintritt. Sie haben sich in fast allen Häusern in Tokyu durchgefragt, ob jemand die beiden Fremden gesehen hätte. Auch sie waren bereits seit dem Vorabend im Dorf, konnten uns aber nicht finden. Wir essen zusammen, Samdup und ich hören die Neuigkeiten aus Bhijer – und natürlich ein wenig Klatsch. Dann gehen wir früh schlafen. Kurze Zeit später steht die Thermosflasche vor unserer Zimmertür.

Es herrscht noch Stille in Tokyu, als wir die Jampa Lakhang Gompa passieren, die Residenz des Dolpo Tulku. Es ist regnerisch, doch die Wolken schwinden mit jedem Meter gewonnener Höhe. Kurz hinter dem Dorf beginnt bereits der Aufstieg. Ich drehe mich noch einmal um und schaue hinunter auf das weite Tal von Dho Tarap. Wie wird es hier wohl in fünf oder zehn Jahren aussehen? Hoffnung auf bessere Zeiten fühlt sich anders an, registriere ich nachdenklich. Und korrigiere mich sogleich: Zehn Jahre wird man nicht mehr warten müssen, um Upper Dolpo kaum wiederzuerkennen. Ja, es ist genau die richtige Zeit für mich, jetzt hier zu sein! Viel später hätte ich die Reise nicht unternehmen dürfen.

Folgende Doppelseite: Das Tal von Danigar mit dem schneebedeckten, 6085 Meter hohen Norbung Kang im Hintergrund

Nahe dem Numala Base Camp liegt ein ideal geschützter Platz für eine Rast. In einer Talsenke, eingewoben in dichte Nebelschwaden, packen wir Chapati und mit Chili gewürzte Kartoffeln aus. Im Grau des Morgens sind nur die Glocken unserer Pferde zu hören, ansonsten ist es gespenstisch still.

Kurz vor der Passhöhe reißt der Himmel auf. Mein Blick reicht weit von diesen 5309 Höhenmetern über die gewaltige Berglandschaft, die wir in den letzten Wochen auf geplanten und ungeplanten Trails durchquert haben. Zu Beginn der Reise hatte der Monsun sich noch nicht verzogen. Heute sieht es am Horizont so aus, als würde sich der Herbst bereits verabschieden.

Der Trail führt steil in das Tal des Gyambo Khola hinab und auf dem erneuten Aufstieg begleitet uns plötzlich Tashi: Er ist aus dem Nirgendwo mit seinem Hund aufgetaucht. Der 28-Jährige ist vor vier Stunden auf seiner Sommeralm aufgebrochen und will in Danigar, auch unserem Mittagsziel, für einen Tee den »Bruder« Tsering besuchen.

Tashi geht es nicht nur um den Tee, sondern wohl vorrangig darum, sein »Herz ausschütten« zu können, denn hinter ihm, so erzählt er, liegt eine katastrophale Yasarghumba-Saison: »Ich habe in diesem Jahr kaum Yasar-Pilze gefunden, aber ich habe einen großen Kredit aufgenommen. Ich weiß nicht, wie es weitergehen soll«, klagt er uns sein Leid und verabschiedet sich im Laufschritt. »Bis gleich, nach Danigar ist es nur noch einmal um die Ecke.«

Und genau hinter dieser einen Ecke öffnet sich eine Landschaft von beeindruckender Schönheit. Vier Zelte verteilen sich auf einer sattgrünen Alm und im Hintergrund ragt der Norbung Kang schneebedeckt 6085 Meter in den blauen Himmel. Kann ein Sommerlager schöner liegen? Nein, davon bin ich überzeugt, denn selten habe ich ein Sommerlager in so einem perfekten Einklang mit der Natur erlebt.

Etwas abseits hockt Lhamu Gurung auf einer rauen Wolldecke an einem sanften Hügel und legt Yakkäse in kleinen Streifen zum Trocknen in die Sonne. Als ich näherkomme, ruft die Mutter von fünf Kindern und Hüterin von fast hundert Yaks schon voller Begeisterung: »Dies wird das beste Churpi, das du in Upper Dolpo bekommen kannst!« Ich will es gar nicht auf einen Versuch ankommen lassen, denn Churpi, steinharte, getrocknete Käsestücke, die die Dolpo-pa gern als Wegzehrung kauen, schmeckt für fremde Gaumen eher gewöhnungsbedürftig, lässt sich aber gut und lang lagern. Weltweiter Ruhm geht dem Käse allerdings als eine ganz

andere Delikatesse voraus: als leckeres Hundefutter. Was ich trotz aller Vorbehalte als ungerecht empfinde: In manchen Hundejahren gab es tatsächlich einen viel beklagten Churpi-Mangel.

»Wir kommen seit elf Jahren im Sommer für drei oder vier Monate hierher. Für unsere Tiere ein großartiger Platz«, schwärmt die Sennerin und schiebt die Frage nach: »Wo wollt ihr hin?«

»Wir sind auf dem Weg nach Ringmo.«

»Großartig. Ein gutes Ziel. Ihr seid auf dem richtigen Weg, denn wir kommen aus Rikhe, ganz in der Nähe.«

Auf der Sommeralm – in Danigar breitet Lhamu Gurung ihre Tagesproduktion an Yakkäse zum Trocknen aus. Später wird daraus Churpi, Hundefutter – eigentlich schade . . .

Ich sehe noch lange unter uns die Zelte und die dunklen Woll-
decken mit dem weißen »Hundefutter«, während der Weg zum
Bagala-La-Pass hinaufführt. Die Landschaft gleicht nun einer
Geröllhalde, die Sonne brennt, es ist heiß und der steile Berg ragt
mit 5169 Meter Höhe wieder als atemlose Herausforderung vor uns
empor.

Am Maniwall auf der Passhöhe hissen wir unsere letzten Gebetsfahnen. Chitor, Tsering, Samdup und ich umarmen uns, denn der
siebte 5000-Meter-Pass auf dieser Reise war zugleich unser letzter schwerer Anstieg. Nach einer fröhlichen Chang-Pause in Yak
Kharka, wo ein Bauer einheimische Reisende mit seinem Eigen-
bräu und Geschichten aus dem Tal bewirtet, taucht schon bald
der Phoksundo-Wasserfall am westlichen Berghang auf. Das Na-
turschauspiel ist für uns das untrügliche Zeichen: Ringmo am
Phoksundo-See ist nicht mehr fern.

Die Dämmerung geht bereits in das Schwarz der Nacht über, als
wir unser Gepäck im Himalayan-Hotel verstauen – und Momos und
Bier bestellen. Es ist ein Moment voller Freude und voller Zufriedenheit: Vor etlichen Wochen scheiterte der Versuch, Ringmo aus
dem Süden zu erreichen, an den widrigen Wetterverhältnissen.
Heute haben wir es – aus östlicher Richtung kommend – tatsächlich geschafft. Was für eine Strecke, was für ein Abenteuer liegt zwischen Scheitern und Ankommen!

Ich schlafe müde und glücklich ein. Es wird eine gute, wohlver-
diente Nachtruhe.

Das Frühstück überrascht mit fast vergessener Opulenz: Por-
ridge, Omelette, Toast, Marmelade, ja sogar Honig, Instant-Kaffee
oder Milchtee. Es besteht kein Zweifel, wir sind im ersten Vorpos-
ten der Zivilisation aufgewacht.

Die Mahlzeit ist eine willkommene Stärkung für meinen Körper,
denn inzwischen habe ich fast elf Kilo abgenommen. Und der Blick
aus dem Fenster gibt meiner Seele zusätzliche Kraft, denn die Schönheit der Landschaft sucht ihresgleichen. Türkisfarben erstreckt sich
der See gleich hinter den letzten Häusern von Ringmo Richtung
Norden. An seinen Ufern ragen Felswände steil empor, gekrönt von
schneebedeckten Berggipfeln.

Seine Faszination bezieht der See aus der ihn umgebenden stillen, kraftvollen Natur, die Anhänger der Bön-Religion erlagen ihr
bereits, als sie vor rund 900 Jahren am Ostufer die Thasung Tsholing Gompa erbauten. Das genaue Alter des heute zwei Tempel und
neun Gebäude umfassenden Ensembles ist ebenso von Legenden

umwoben wie die ursprünglichen Gründe für den Bau. Der Überlieferung nach trieben Jäger ihre Beute an diesem Ort in eine Enge,
aus der es wegen der steilen Wände kein Entkommen für die Tiere
mehr gab. Dem tödlichen Treiben setzte Treton Tshewang Tshult-
rim ein Ende. Der Lama der Bön-Religion baute genau an dieser
Stelle ein Kloster, das heute für eine überschaubare Zahl von Mönchen die religiöse Heimat ist.

Ringmo darf sich als eigentliches »Eintrittstor« zum äußerst
artenreichen Shey Phoksundo National Park bezeichnen, mit
3550 Quadratkilometern der größte Nationalpark Nepals. Dabei
gelten die bereits erwähnten Schneeleoparden als das Symbol der
Region. Weltweit wird ihre Population auf zwischen vier- und
sechstausend Exemplare geschätzt. Allein in Upper Dolpo dürften
hundert bis hundertfünfzig Tiere ihre Spuren hinterlassen.

Ringmo mit seinen rund fünfzig Haushalten lebt im Sommer
zumeist vom Tourismus. Der Weg von Dunai hinauf bis ans Seeufer
ist populär. Von Januar bis April ziehen die meisten der zweihundert Bewohner hinunter in ihr alternatives, milderes Lager nach

Jenseits des Ufers – der Phoksundo Lake bildet eine Grenze.
Hinter der Bergkette am Horizont beginnt Upper Dolpo –
und damit das Abenteuer.

Koinre. Dann liegt Ringmo verlassen auf einer schmalen, windigen Anhöhe – und bekommt seltenen Besuch aus den Bergen: Schneeleoparden suchen im Winter die Hänge nach Beute ab, denn auch Blauschafe gehören zum Tierreichtum in diesem Teil des Nationalparks.

Nach einer Zeit der meditativen Ruhe im Thasung-Tsholing-Kloster, nur die Vögel und das Läuten der Glocken sind zu hören, stehe ich auf einem kleinen Felsvorsprung im Schatten der alten Gebäude und schaue über den See, auf dem Fallwinde kleine Wellen erzeugen.

»Hast du Lust auf einen Kaffee?«, höre ich plötzlich eine Stimme und ein Lachen hinter mir. Wenig später sitze ich mit Serap Lama, einem der Klostermönche, auf einer Holzbank hoch über dem Seeufer.

Die Sonne wärmt, der Kaffee ist ein Genuss nach all den Entbehrungen. Vom Dach des Klosters grüßt Samdup Nyima Khenpo, der Hauptlama, mit einem Lächeln, das sich anfühlt wie ein vorzeitiger Segen für den kommenden Tag.

Morgen werde ich Abschied nehmen von Upper Dolpo, die gemeinsame Reise mit Tsering und Samdup nähert sich ihrem Ende. Chitor kehrt mit den Pferden nach Bhijer zurück. Wir werden auf dem Heimweg bei Sunita in Shyangta übernachten, in der Hoffnung, dass ihre Mutter noch am Leben ist. Dann wollen wir entlang des längst friedlichen Sulighat-Flusses die Wanderung fortsetzen, an dem unsere Reise so dramatisch begann, und in Juphal am gleichen Holztisch Dal Bhat bestellen wie damals nach unserer Ankunft. Und eine Nacht später werden wir frühmorgens am Flugfeld von Juphal warten.

Doch noch liegt vor mir der Phoksundo-See, der Kaffee ist ausgetrunken. Allein sitze ich hoch über dem Ufer und will den Blick nicht von der erhabenen Schönheit der Natur abwenden. Es ist still, es ist der andere »Sound of Dolpo«, den ich so sehr schätzen gelernt habe. Ich suche im Schatten der uralten Thasung Tsholing Gompa eine Antwort auf meine Fragen: Habe ich jemals auf einer Reise so viel über das Leben gelernt? Nein. Habe ich jemals so viele Freundschaften geschlossen, deren Ursprung gemeinsame Erlebnisse und Abenteuer waren? Nein. Bin ich jemals zufriedeneren Menschen begegnet, obwohl sie alltäglich um ihre Existenz kämpfen müssen? Nein.

Nach meiner Rückkehr wird die Welt unverändert sein. Doch mein Blick auf das Leben wird ein anderer sein. Mit Sicherheit. Weil ich Menschen begegnet bin, die ihr Leben mit Würde und

Leichtigkeit nicht einfach nur ertragen, sondern trotz aller Herausforderungen »erleben« – im wahrsten Sinne des Wortes.

Nähergebracht haben mir dies »Experten«, zumeist waren es hohe religiöse Würdenträger. Doch es waren auch Bauern, Händler, Yakhirten, Mönche oder Künstler, die mir Einblick in ihren Alltag gewährten und mich nicht zweifeln ließen: Das Glück liegt oftmals gerade in den kleinen, einfachen Dingen.

Ich habe mir auf dieser Reise das Glück im wahrsten Sinne »erlaufen«. Glück braucht Begegnungen, Glück braucht Menschen, mit denen wir eine Gemeinschaft bilden können, an und mit denen wir unsere Mitmenschlichkeit wachsen lassen können. Etwas gemeinsam erleben oder eine Situation gemeinsam genießen, weckt Glücksgefühle, die sich nicht entwickeln, wenn wir uns immer und ständig Sorgen machen. Ich konnte meine Sorgen, meinen Ballast nach einer gewissen Zeit hinter mir lassen.

Seit Jahrhunderten kämpfen die Dolpo-pa um ihr eigenes Überleben. Krankheiten, Hungersnöte, Abschiede und auch Pandemien gehören zu ihrem Alltag. Was sie aber kaum kennen: Eifersucht, Vielfalt, Ablenkungen, Besitz, Neid, Ballast, Gier und Zeitdruck – Gefühle und Stimmungen, die unser Glück und unsere Zufriedenheit massiv in Frage stellen und beeinträchtigen können. Doch die Dolpo-pa haben gelernt, sich weitgehend von diesen Herausforderungen fernzuhalten. Jahrhundertelang wurde ihnen das leicht gemacht, denn es gab kaum Platz für ein vielfältiges Leben. Einfachheit und Mangel prägten den Alltag. Es mag stimmen: Je weniger wir besitzen, desto besser kann sich das Glück entfalten. Oder, wie es mein vertrauter Freund Karma Tsering, der Schneider aus Bhijer, in seinen einfachen Worten so treffend sagte, wenn jemand fragte, ob er glücklich sei: »Wir haben genug zu essen, wir haben genug zum Anziehen – warum sollten wir nicht glücklich sein.«

Flug SMA181 landet an einem sonnigen Septembermorgen in Juphal. Nicht mit einem Tag Verspätung, nein, pünktlich! Mein letzter Zweifel verschwindet: Ich bin zurück in der Zivilisation.

* * *

Bereits ein Jahr später befahren die ersten Motorräder die Strecke zwischen Saldang und Bhijer. Unter ihnen ein begeisterter Pemma Wangchen – ohne Führerschein natürlich.

Epilog

Die Leichtigkeit des Sommers liegt über Bhijer. Doch Karma Tsering spürt nicht die milde Luft auf seiner Haut. Der Schneider lächelt, denn er spürt seine Gedanken, erfüllt von einer fast schon vergessenen Leichtigkeit des Lebens. So muss es sich früher einmal angefühlt haben. Jetzt ist das Gefühl zurück.

Er schaut ins Tal. Hier ist Heimat, seine Heimat. Und nun fand das Glück in seinem Herzen wieder ein Zuhause – nach endlos quälend langer Zeit.

Karma Tsering hat Frieden geschlossen. Frieden mit seiner wohl dunkelsten Erinnerung. Damals, auf dem Heimweg vom Handel in Tibet. Er fürchtete um sein Leben, längst vergessen. Er war nicht da, als seine Tochter Tsering ins Feuer fiel, nie vergessen. Im Dorf glaubte kaum jemand an Heilung, er gab nie die Hoffnung auf, denn er wusste: Die Götter würden seine Gebete erhören. Mit jeder Morgen-Puja, jedem Chaka vor den alten Thankas und jeder Kora-Runde erinnerte er die Götter an sein Schicksal. Und sie schickten Beistand, sie erlösten ihn von seinen Sorgen: Tsering lebt, es geht ihr gut, die Familie war erstmals nach fast zehn Jahren vereint. Sein Warten auf die Tochter hat ein Ende, aber das Glück wird noch lange andauern.

Kartse muss nicht in den Himmel schauen, sein Lotho prophezeit ruhiges Wetter. Weder Regen noch Sturm sind in Sicht, es droht keine Gefahr. Es besteht kein Grund zur Sorge. Nicht um seine Tochter, nicht um die Fremden, die er gemeinsam hinter den Bergen am Horizont in Sicherheit unterwegs weiß.

Die Götter sind bei ihm, was darf er, der einfache Schneider, mehr vom Leben verlangen? Er ist einer der letzten alten Dolpo-pa in Bhijer. Er wird früh am nächsten Morgen eine Kora-Runde mehr zurücklegen. Dann wird er wie jeden Tag mit Karma Dhondup Gurung, seinem besten Freund, über das Leben sprechen, über die Arbeit – und vielleicht wird er von seinem Glück erzählen.

Nein, er wird es für sich behalten. Es ist sein Glück. In seinem Dorf. In seiner Heimat: Upper Dolpo.

Ein Leben erfüllt von Arbeit und Gebet –
Karma Tsering bei der Getreideernte im Herbst

Anhang

Die wichtigsten Begriffe kurz erklärt

Amchi   Traditioneller tibetischer Arzt, dessen Wissen und Handeln primär auf endemischen Pflanzen und der lokalen Spiritualität basiert; verfolgt einen ganzheitlichen Heilungsansatz; der Beruf ist vielerorts im Himalaya fast vom Aussterben bedroht, aber nicht in Dolpo.

Beyul   Im Bön (siehe auch dort) verankerte Vorstellung eines paradiesähnlichen Gefildes, in dem Menschen Glück und Zufriedenheit finden können; das »Betreten« setzt spirituelle Offenheit und innere Bereitschaft voraus.

Bön   Die wohl älteste noch lebendige Religion weltweit; in Dolpo traditioneller Vorläufer des tibetischen Buddhismus; stark geprägt vom Glauben an Natur, Geister und übernatürliche Erscheinungen (Schamanismus); Dolpo gilt als die (noch) am stärksten von Bön beeinflusste Himalaya-Region.

Chörten (Stupa)   Sakraler Kultbau im (tibetischen) Buddhismus, der zumeist einer bestimmten Form und einem bestimmten Aufbau folgt und die buddhistische Lehre widerspiegelt; häufig befindet sich im Inneren eine heilige Reliquie. Ähnlich lässt sich ein Stupa beschreiben.

Churpi   Steinharter, in der Sonne getrockneter Yakkäse, hält ewig im Mund und bei der Lagerung; beliebte Wegzehrung der Einheimischen; Geschmacksache.

Dal Bhat   Nepalesisches Nationalgericht; wird mehrmals täglich serviert; Grundlagen sind Reis und Linsen, dazu Gemüse (nach Region unterschiedlich); im Himalaya selten Fleisch; wird auf einem Teller serviert und zumeist ohne Besteck mit der linken Hand vermischt und gegessen.

Dolpo (Dolpo-pa)   Größte und zugleich am schwächsten entwickelte Region Nepals. Gliedert sich in einen »Lower«- und einen »Upper«-Teil. Die Bewohner nennen sich selbst Dolpo-pa, das Volk aus Dolpo.

Gompa   Zumeist eine Gebetshalle (oft dominiert von einer zentralen Buddha-Statue) und damit religiöser und baulicher Mittelpunkt eines Klosters; je nach Region auch Gonpa oder Gönpa genannt.

Karma Das Konzept oder die Lehre, dass jede Handlung und jede Tat eines Menschen eine Folge hat, die seine Existenz in der Zukunft positiv oder negativ beeinflusst. Dies kann im jetzigen wie auch im zukünftigen Leben (als Wiedergeburt) geschehen.

Kora Festgelegte Gebetsrunde (Pilgerweg) um ein religiöses Heiligtum; Glaubensritual im gesamten Himalaya-Raum; zumeist am frühen Morgen oder am Abend praktiziert; möglichst täglich; Kora beeinflusst das Karma positiv.

Lama Spiritueller Lehrer im tibetischen Buddhismus. Rangbezeichnung in einem Kloster, die durch Ausbildung, Lehre und Studium erzielt werden kann. Oftmals auch als (nicht religiöser) Name gebräuchlich.

Lotho Der tibetische Mondkalender richtet sich vorrangig nach den Mondphasen (ergänzt durch persönliche Erfahrungen und Aufzeichnungen) und dient Lamas wie auch geschulten Privatpersonen zu Vorhersagen für fast alle Bereiche des täglichen Lebens (Geburten, Heirat, Rituale, Begräbnisse, Namensgebungen, med. Operationen etc.).

Namen Die Namen von Neugeborenen werden zumeist von Lamas oder anderen hohen religiösen Würdenträgern während einer Puja oder nach Befragung des Lotho ausgewählt. Dabei folgen die Eltern meist ausnahmslos den Vorschlägen.

Zumeist bestehen die Namen aus zwei oder drei Worten. Da es nur eine überschaubare Anzahl von unterschiedlichen Namen gibt, kommt es oft zur Namensgleichheit. Ein Grund: Häufig wird der Wochentag als Name benutzt (z. B. Dawa für Montag). Oft wählen die Namensgeber noch einen religiösen Zusatz. Unterschiedliche Schreibweisen sind üblich (z. B. Tsering und Thsering – Bedeutung: Langes Leben), Ursache ist die regionale Herkunft; eine Rolle spielt der weit verbreitete Analphabetismus. Zusätze beim Nachnamen (z. B. Gurung, Sherpa) können auf die ursprüngliche ethnische Gruppe hinweisen. Vor allem in der ethnischen Gruppe der Sherpa sind identische Namen die Regel. Einige Namen sind in der weiblichen und männlichen Form zugleich gebräuchlich.

Puja Gebetsandacht, folgt als Ritual bestimmten (jahres- oder tageszeitlichen) Regeln; in Klöstern ebenso wie in Privathaushalten durchgeführt; häufig als Dankritual für Schutz, bei Todesfällen oder bei Ernten.

Rinpoche   Ehrentitel im Kloster als Bezeichnung für einen Lama, der sich durch Lehre und Studium einen besonderen Grad an Weisheit angeeignet hat.

Thanka   Gemalte Rollbilder (zumeist auf Leinen; häufig Buddha-Darstellung) in Klöstern bzw. privaten Puja-Räumen. Thanka-Malerei ist die wohl klassischste Kunst- und Maltechnik des gesamten Himalaya-Raums nach strengen Regeln und Vorgaben.

The Great Himalaya Trail   Ein Wanderweg, der auf knapp 2000 Kilometern durch ganz Nepal führt und Trekking-Routen, alten Handelswegen und Straßen folgt. Grundidee ist es, den Tourismus auch in abgelegene Gebiete Nepals zu bringen; in kompletter Länge bislang von rund 500 Menschen bewältigt. Start in Kanchenjunga im Osten – Ziel zumeist Humla oder Darchula im Westen.

Tsampa   Mehl aus geröstetem Getreide (meist Gerste), vermischt mit Tee, Yakbutter und Salz; gilt als wichtigstes Grundnahrungsmittel im Himalaya (siehe auch Yak).

Tulku   Offiziell anerkannte Reinkarnation, also Wiedergeburt, einer früheren, verstorbenen Person in hohem religiösem Rang. Bedeutet nicht, dass diese Person tatsächlich selbst wiedergeboren wurde; kann auch durch Bestimmung oder Auswahl (nicht selten durch den Vorgänger selbst) ernannt werden.

Yak (Yakbuttertee)   Yaks (Rinderart) werden als Haustiere gehalten und liefern Überlebensnotwendiges: Milch, Fleisch, Fell, Leder, Wolle und Dung (Brennmaterial); weibliches Gegenstück: Nak; der Tee mit Yakbutter gehört zum Alltag; Geschmack ist gewöhnungsbedürftig.

Yasarghumba   Seit Jahrhunderten gilt der chinesische Raupenpilz (übersetzt: Sommergras-Winterwurm) als fester Bestandteil der traditionellen tibetischen Medizin; erlebte in den letzten Jahrzehnten einen Nachfrage-Boom mit gewaltigen Preissteigerungen, da der Pilz in China zum Statussymbol und als vermeintliches Potenzmittel gehandelt wird; wichtigste Einnahmequelle der Dolpo-pa; vielerorts inzwischen vom Aussterben bedroht; Sammeln nur mit Ausnahmegenehmigung erlaubt.

Nicht nur ziemlich gute Freunde – die Schneider Karma Tsering und Karma
Dhondup Gurung (links) an einem ihrer letzten gemeinsamen Arbeitstage

Dank

Ohne die Hilfe, die Offenheit und die Anbahnung von Kontakten wären mir die seltenen, intensiv-nahen Begegnungen mit vielen Dolpo-pa allein nicht möglich gewesen. Daher gilt mein besonderer Dank Tsering Sumjok und ihrer Familie sowie im gleichen Maße Pemma Wangchen und seiner Familie.

Sie haben meiner journalistischen Neugierde ebenso vertraut wie meinem Verständnis und meiner Aufgeschlossenheit gegenüber den Problemen und Sorgen der Menschen in Upper Dolpo. Obwohl es häufig nur kurze Begegnungen waren, sind daraus oftmals Freundschaften entstanden.

Mein großer Dank geht auch an hohe geistliche Würdenträger wie den Dolpo Tulku Rinpoche, Dolpo Amchi Namgyal Rinpoche, Amchi Tsewang Bhumchok und Komang Tulku, die mir gegenüber nicht nur eine besondere Freundlichkeit, sondern auch Geduld mit der Unwissenheit eines Fremden bewiesen.

Aber eigentlich gilt der Dank in gleichem Maße allen Menschen in Upper Dolpo, ganz egal ob es hohe Geistliche oder einfache Yakhirten waren, denn erst ihre Geschichten und ihre Einblicke in den harten Alltag lieferten die Fülle der Eindrücke für mein Buch.

ཐུགས་རྗེ་ཆེ་ – Großen Dank

Nur wenige Wochen nach meinem Abschied von Bhijer, der Lotho sagte eigentlich ruhige Zeiten voraus, zog Traurigkeit in das Leben von Karma Tsering ein. Als Kartse eines Morgens seiner Routine folgte und sich zu seinem Freund Karma Dhondup Gurung begab, wartete er vergebens auf den gewohnten Morgengruß. Überraschend und ohne die Möglichkeit letzter Worte hatte sich der vielleicht beste Schneider in Bhijer aus dem Leben verabschiedet. Doch trotz der bedrückenden Nachricht war Kartse nicht von Trauer überwältigt. Auf seiner nächsten Kora dankte er den Göttern für eine Freundschaft, die der Alltag nicht gefährden konnte und die der Tod nicht beenden würde. Aber ein Gefühl von Einsamkeit, die konnte Kartse in sich deutlich spüren.

Dolpo Project

Zahlreiche NGOs und private Hilfsorganisationen unterstützen Upper Dolpo in den Bereichen Schule und Bildung sowie bei der Gesundheitsversorgung. Diese Zuwendungen sind von großer Notwendigkeit, denn die nepalesische Regierung in Kathmandu zeigte in den vergangenen Jahrzehnten kaum Interesse an der Region und reduzierte ihre Hilfsleistungen auf ein Minimum.

Deshalb habe ich mich – um Upper Dolpo nicht nur zu bereisen, sondern auch etwas als Dank für die einzigartigen Einblicke und Begegnungen zurückzugeben – nach meinen Reisen entschlossen, bei der Verbesserung der Ernährungslage zu helfen; ein Thema, das durch den auch hier voranschreitenden Klimawandel in Zukunft eine immer größere Bedeutung erlangen wird.

2019 gründete ich das private DOLPO PROJECT. Partner und Organisator vor Ort ist Pemma Wangchen, der nominelle Bürgermeister von Namdo und ein Umweltaktivist, der den direkten Kontakt zu den Dolpo-pa garantiert.

DOLPO PROJECT hat sich entschieden, dem Wunsch der Dolpo-pa zu folgen, und finanziert vorrangig den Bau von Mikro-Gewächshäusern für hilfsbedürftige Familien und alleinstehende ältere Menschen. Pemma Wangchen sagt dazu: »Die Gewächshäuser haben hier für die Menschen einen doppelten Nutzen: Zum einen kann die Zeit zum Anpflanzen von Gemüse verlängert bzw. überhaupt erst ermöglicht werden. Zum anderen dienen die Gewächshäuser im Winter als Aufenthaltsräume und Schulklassen, denn sie sind wärmer als die Wohnhäuser aus Stein oder die Klöster.«

Soweit möglich, sollten sich alle ausgewählten Haushalte mit einem kleinen, eher symbolischen Betrag an den Kosten beteiligen, um eine größere Wertschätzung und Eigenverantwortung der neuen Besitzer zu fördern.

Mittlerweile konnte DOLPO PROJECT 36 Gewächshäuser errichten und einige regionale Bildungsprojekte unterstützen.

Ein besonderer Dank allen, die mein Projekt ohne Garantie für einen Erfolg trotzdem von Anfang an unterstützten: Eagle Creek (GB), EXPED (CH), Korff Stiftung (D), Hauser Exkursionen (D), GSI Outdoor (CDN) sowie Till Gottbrath.

Informationen zum DOLPO PROJECT unter www.upperdolpo.org; Informationen zum Abenteuer auf dem Great Himalaya Trail unter www.greathimalayatrailrun.com.

Mikro-Gewächshäuser für ein besseres, weil gesünderes Leben –
oben Tsering Dolma Gurung, Bäuerin; unten die sehbehinderte
Palsang Gurung (rechts) mit einer hilfsbereiten Nachbarin

Der Autor

Peter Hinze schrieb viele Jahre für diverse Reisemagazine sowie Zeitschriften und gehörte 1992 zu den Mitbegründern des Magazins FOCUS in München.

Seit 1982 reiste er über 30-mal in den Himalaya und führte dabei Interviews mit Sir Edmund Hillary, Seiner Heiligkeit dem 14. Dalai Lama, Reinhold Messner und zahlreichen hohen buddhistischen Würdenträgern. Auf diesen Reisen erlebte er die klimatischen und politischen Veränderungen im Himalaya und gilt inzwischen als Himalaya-Experte und Nepal-Kenner.

In der Trailrunning-Szene nahm Peter Hinze seit 2003 an diversen Ultramarathon-Rennen teil, u. a. in Namibia, Bhutan, Myanmar und am Mount Everest. Er finishte dreimal den Transalpine-Run, das härteste Etappenrennen in Europa.

2017 durchquerte er Nepal auf dem Great Himalaya Trail. Sein gleichnamiges Buch über das Abenteuer wurde zu einem der erfolgreichsten Nepal-Bücher der letzten Jahre.

Peter Hinze arbeitet heute als freier Autor und Vortragsredner, er lebt mit seiner thailändischen Frau und seinem Sohn in München.

Der Autor auf dem Great Himalaya Trail unterwegs –
Tag 26, Renjo-La-Pass, 5360 Meter – im Hintergrund der Mount Everest

Impressum

Verantwortlich: Susanne Then
Lektorat: Dr. Caroline Draeger
Satz: Akademischer Verlagsservice Gunnar Musan
Korrektorat: Dr. Juliane Braun
Kartografie: Huber-Kartographie
Repro: LUDWIG:media
Umschlaggestaltung: Mediaservice Rudi Stix
Herstellung: Bettina Schippel
Printed in Slovenia by Florjancic

Unser komplettes Buchprogramm finden Sie unter:

www.nationalgeographic-buch.de

Alle Angaben dieses Werks wurden vom Autor sorgfältig recherchiert und auf den neuesten Stand gebracht sowie vom Verlag geprüft. Sollte dieses Werk Links auf Webseiten Dritter enthalten, so machen wir uns die Inhalte nicht zu eigen und übernehmen für die Inhalte keine Haftung.

In diesem Buch wird aus Gründen der besseren Lesbarkeit das generische Maskulinum verwendet. Weibliche und anderweitige Geschlechteridentitäten werden dabei ausdrücklich mitgemeint, soweit es für die Aussage erforderlich ist.

Bildnachweis: Alle Aufnahmen des Umschlags und im Innenteil stammen von Peter Hinze, außer: Samdup Gurung S. 96/97; 98; 139; 144; 177; 180.

Umschlagvorderseite: Auf dem Weg nach Shey Gompa; Umschlagrückseite: o. li.: Passhöhe zwischen Tokyu und Ringmo; o. re.: Chörten in Komang; u. li.: Karma Tsering bei der Arbeit; u. re.: Abschied vom Autor; S. 2/3: Talblick von der Samje Choeling Gompa in Saldang; S.10/11: Abschied im Kloster Tsoknyi Gechak Ling; S. 22/23: Yak-Karawane bei Dho Tarap; S. 36/37: Dho Tarap; S. 48/49: Abschied von Dho Tarap; S. 60/61: Die Hausmeister im Shey-Sumdho-Kloster; S. 72/73: Tserings Heimkehr; S. 82/83: Ankunft in Bhijer; S. 96/97: Amchi Tashi Tsewang Gurung als traditioneller Arzt; S. 112/113: Kloster Namgung; S. 128/129: Novizen des Tashi-Choeling-Kloster; S. 142/143: Norbu Dhondup – Mönch, Bauer, Musiker; S. 154/155: Empfang des Thartse Khen Rinpoche in Shimen; S. 166/167: Blick über den Phoksundo Lake

Die Deutsche Nationalbibliothek verzeichnet diese Publikation in der Deutschen Nationalbibliografie; detaillierte bibliografische Daten sind im Internet über http://dnb.d-nb.de abrufbar.

2. Auflage 2022
© 2022 NG Buchverlag GmbH, München
Lizenznehmer von: National Geographic Partners, LLC
Copyright © 2022: National Geographic Partners, LLC
Alle Rechte vorbehalten

ISBN 978-3-86690-778-2

Seit ihrer Gründung 1888 hat sich die National Geographic Society weltweit an mehr als 14 000 Expeditionen, Forschungs- und Schutzprojekten beteiligt. Die Gesellschaft erhält Fördermittel von National Geographic Partners LLC, unterstützt unter anderem durch Ihren Kauf. Ein Teil der Einnahmen dieses Buches hilft uns bei der lebenswichtigen Arbeit zur Bewahrung unserer Welt. Das legendäre NATIONAL GEOGRAPHIC-Magazin erscheint monatlich. Darin veröffentlichen namhafte Fotografen ihre Bilder, und renommierte Autoren berichten aus nahezu allen Wissensgebieten der Welt. National Geographic im TV ist ein Premium-Dokumentationssender, der ein informatives und unterhaltsames Programm rund um die Themen Wissenschaft, Technik, Geschichte und Weltkulturen bereithält. Falls Sie mehr über National Geographic wissen wollen, besuchen Sie unsere Website unter www.nationalgeographic.de.

Ebenfalls erhältlich

978-3-86690-787-4

978-3-86690-785-0

978-3-86690-725-6

978-3-86690-677-8